Nicole Bröhan
Heinrich Zille

AF203175

H. Zille.

Nicole Bröhan

Heinrich Zille

Eine Biographie

Jaron Verlag

Originalausgabe
1. Auflage 2014
© 2014 Jaron Verlag GmbH, Berlin
www.jaron-verlag.de
Umschlaggestaltung: Bauer + Möhring, Berlin,
unter Verwendung einer Lithographie von Heinrich Zille
(»Zille im Regen zeichnend«, 1919)
Satz und Layout: Pinkuin Satz und Datentechnik, Berlin
Lithographie: Jaron Verlag GmbH, Berlin
Druck und Bindung: CPI books GmbH, Leck

ISBN 978-3-89773-734-1

Inhalt

Ein echter Berliner aus Sachsen

Von der ungemütlichen Wetterlage vor seiner Haustür bemerkt das Ehepaar Johann Traugott und Ernestine Louise Zille am 10. Januar 1858 wenig. An diesem Wintertag mit eisigen Minusgraden kommt in Radeburg, nördlich von Dresden, in den ärmlichen Verhältnissen einer Hinterhauswohnung am Markt 11, nachmittags um 17 Uhr ihr einziger Sohn Rudolf Heinrich Zille zur Welt.

Zilles Geburtsjahr 1858 verspricht im sächsischen Umland nichts Ungewöhnliches. Im Mai fließt das erste Bier der »Aktienbrauerei zum Feldschlößchen« aus dem Zapfhahn. Im Juli schließen sich die Dresdener Imker zum »Bienenzüchterverein Dresden und Umgebung« zusammen. Den Höhepunkt des Jahres bildet am 20. Juni die Ballonfahrt der russischen Luftschifferin Jeanette Ewaldson und des deutschen Luftschiffers Karl Berg von Dresden in die Sächsische Schweiz. Auch in der preußischen Haupt- und Residenzstadt Berlin, die neun Jahre später zu Zilles Heimat werden sollte, geschieht wenig Erzählenswertes. Im Juni des Jahres 1858 gründet sich der Charlottenburger Turn- und Sportverein. Im August liefert das Maschinenbau-Unternehmen Borsig in einer feierlichen Zeremonie und in Anwesenheit Alexander von Humboldts die tausendste Lokomotive des seit 1844 lieferbaren Erfolgsmodells »Borussia« aus. Der Historiker Theodor Mommsen zieht von

Leipzig nach Berlin, um fortan Römische Altertumskunde an der Universität zu lehren. Der prominente Mediziner Rudolf Virchow hält zwanzig Vorlesungen am pathologischen Institut der Stadt. Zilles künftiger Malerkollege Lovis Corinth (1858–1925), der später ebenfalls Berlin zu seinem Lebensmittelpunkt wählt, erblickt am 21. Juli in Tapiau/Ostpreußen das Licht der Welt. Ein Ereignis allerdings hält in diesem Jahr ganz Deutschland für kurze Zeit in Atem: Am 5. Juni prallt ein Tsunami auf die Nordseeküste. Riesenwellen rollen an diesem warmen, windstillen Frühsommertag auf die Küstenregion zu und verursachen erheblichen Schaden.

Wirklich bemerkenswert erscheinen in diesen politisch eher ruhigen Jahren – über ein Jahrzehnt vor Gründung des Kaiserreiches – die Bevölkerungsexplosion und die rasante Großstadtentwicklung, ausgelöst durch die beginnende Industrialisierung. Immer mehr Menschen ziehen vom Land in die sprunghaft anwachsenden Städte, um hier ihr Glück zu versuchen. Verzeichnet Berlin im Geburtsjahr Zilles noch 460 000 Einwohner, sind es 1877 bereits über eine Million. Mit der Bildung der Einheitsgemeinde Groß-Berlin am 1. Oktober 1920 steigt die Einwohnerzahl schlagartig auf 3,9 Millionen, die Reichshauptstadt Berlin wird, hinter London und New York, zur drittgrößten Stadt der Welt.

Heinrich Zille, der populäre Sozialaufsteiger mit der Berliner Schnauze, dem frechen Strich und den lockeren Sprüchen, erlebte eine wenig glückliche Kindheit in der sächsischen Kleinstadt Radeburg. Eine Gedenktafel erinnert heute stolz an das berühmte Kind der Stadt. In Zilles Geburtsjahr brennt die gesamte nördliche Marktseite ab, die Familie bezieht für die nächsten zwei Jahre das damalige »Gasthaus Leipzig« (heute Heinrich-Zille-Straße 1), um dort provisorisch zu leben. Rückblickend mag man darin erste Vorzeichen auf die steinige Biographie erkennen, die Zille bevorstand. Der Vater Johann Traugott (1824–1909), Handwerker von Beruf, ist in vielen Gewerken zu Hause: Nacheinander versucht er sich als Schmied, Schlosser, Uhrmacher und Goldschmied. Beruflicher Erfolg und materielles Auskommen bleiben ihm trotz Fleiß und Geschick lange Zeit verwehrt. Kaufmännisches Talent und ein besonnener Umgang mit Geld scheinen ihm nicht in die Wiege gelegt worden zu sein. Stattdessen plagt er sich mit Schulden und hartnäckigen Gläubigern herum. Wiederholt findet sich der Arbeiter in Haft wieder. »Man brachte ihn um das Seine, aus unbedacht übernommener Verpflichtung erwuchs ihm eine drückende Schuld.« (Heilborn, 1924)

Die Angehörigen der Familie Zille gehören ausnahmslos den unteren sozialen Schichten an und üben einfache Berufe wie Bergmann, Tagelöhner, Gärtner oder Bauer aus. Zilles grobe, oft deftige Ausdrucksweise wurzelt in dieser Prägung. Laut Zille stammen seine Vorfahren aus der Gegend um die Lutherstadt Wittenberg und waren vermutlich aus Böhmen eingewandert. »Der erste nachweisbare Vorfahre ist als ›Nachbar und Anspanner‹ eingetragen. Det eene bedeutet wohl so viel wie Ortsvorsteher, und det andere, det er bei der Kurierpost für den Pferdewechsel zu sorjen hatte«, schreibt er in seinen Erinnerungen. »Pinselheinrich«, wie der Mann mit der kessen Lippe später von manchen Zeitgenossen launig genannt wird (obwohl er weniger pinselte als zeichnete!), ist also kein waschechter Berliner, wie sein Sprachjargon und die lokalpatriotischen Darstellungen des »Lumpenproletariats« vermuten lassen, sondern Sachse.

Als Heinrich Zille 1929 als hochangesehener Künstler, Titularprofessor und Mitglied der Preußischen Akademie der Künste das Zeitliche segnet, liegt ein hartes, aber erfülltes Leben hinter ihm. Armut, Entbehrung, Fleiß und Ausdauer kennzeichnen es genauso wie Anerkennung, Erfolg und Prominenz. Zilles umfangreiches Wirken als künstlerischer Sozialreporter steht exemplarisch für einen schwierigen Lebensweg, der vermutlich nur zu einer ganz bestimmten Zeit und in einer ganz bestimmten Stadt seinen Lauf nehmen konnte: im Berlin der Jahrhundertwende. Ausgestattet mit Humor, Hilfsbereitschaft und sozialer Kompetenz, entwickelt der junge Heinrich Zille einen eisernen Willen, der ihn, der aus kleinen Verhältnissen kommt, in höhere Kreise befördert. Seine Zeichnungen begleiten die Entwicklung der Residenz- und Garnisonsstadt Berlin zu einer Industriemetropole. Sie dokumentieren die Folgen von Industrialisierung, Urbanisierung und Modernisierung. Bis heute gilt Heinrich Zille als Inbegriff des »Arme-Leute-Malers«, der den Alltag der sozial und finanziell Benachteiligten zu seinem Lebensthema machte. Das Bild des »fünften Standes« ist mit seiner Person unweigerlich verknüpft. Zilles Namen verbindet man bis in die Gegenwart mit derben Zeichnungen und schonungslosen Kommentaren, welche die Wurzeln des Künstlers unschwer erkennen lassen: Er ist ein Kind des Volkes.

Gesangsprobe einer Tingeltangel-Gruppe

Als der Vater Heinrich Zilles wieder einmal in Wechselhaft sitzt und die Familie – Zille hatte noch eine um vier Jahre ältere Schwester namens Fanny – in Existenznot gerät, entschließt sich die verzweifelte Mutter Ernestine Louise († 1908) zum Umzug nach Potschappel, einem Bergarbeiterdorf am Plauenschen Grund, in dem ihre Eltern wohnen. Zille behauptet rückblickend über seine Herkunft: »Wat ick von meinen direkten Vorfahren weiß, det is alles von Mutterns Seite. Vom Vater hab ick fast nischt erfahren ... Ick weeß bloß, det et mehrere Brüder waren, die aber nich mal von sich untereinander wat wußten, und bloß alle paar Jahre tauchte mal wieder eener uf«.

Im sächsischen Potschappel, wo Großvater Heinitz – laut Enkelsohn Heinrich »'n spaßiger Mann« – nach einem Unfall im Bergwerk mit Uhrenreparaturen seinen Lebensunterhalt verdient, müssen alle ran. »Sehr oft hab' ich die Räder putzen müssen. Die Leute brachten auch Taschenuhren, noch die alten, dicken Spindeluhren. Wenn wir die nachsahen, lagen darin vertrocknete Flöhe. Beim Aufziehen mußten sie wohl aus'm Ärmel gefallen ein. Die hatten sich dann ins Werk geklemmt. Wenn die Werke sauber gemacht waren, dann gingen sie wieder.« Diese anschauliche Beschreibung der anfallenden Reparaturarbeiten lässt Zilles Sprachkunst erkennen. Eine Eigenschaft, die, verbunden mit seiner scharfen Beobachtungsgabe, einen großartigen Geschichtenerzähler aus ihm machen sollte.

Im Industrieort Potschappel besucht der aufgeweckte Junge von 1865 bis 1867 die Dorfschule, bis das Gesetz der Wechselhaft fällt. Vater Zille wird zwar in die Freiheit entlassen, sieht sich aber von seinen Gläubigern bedroht und flieht kurzentschlossen über Dänemark nach Berlin. Als Neunjähriger kommt schließlich auch der »gleene Sachse« Heinrich Zille in die preußische Hauptstadt. In einer unmöblierten Kellerwohnung nahe dem Schlesischen Tor, in der Kleinen Andreasstraße 17, nehmen die Zilles im November 1867 in bescheidenen Verhältnissen ihr Familienleben wieder auf. »Ein Ofen, ein Schemel, eine Tasse ohne Henkel und als Tisch der Koffer, das war unser Speisezimmer – auf der Erde schliefen wir. Es war manchmal ein hartes Lager …«, beschreibt Zille die Ankunft. Sechs

Jahre haust die Familie in der heruntergekommenen Wohnung auf engstem Raum, mit Blutflecken von zerquetschten Wanzen an der Wand, Wäscheleinen über dem Kopf, Essen aus der Volksküche und Nutten und Säufern als Nachbarn.

Die Nähe zum Elend zeichnet Zilles gesamtes künstlerisches Schaffen aus. Der Zeichner verschließt nie die Augen vor den Missständen im »steinernen Berlin« (Begriff: Werner Hegemann), sondern betrachtet die Not mit nüchternem Tiefblick. Für diese Eigenart scheinen die ersten Berliner Jahre maßgebend gewesen zu sein. Vermutlich verleiten die entbehrungsreichen Zustände Zille auch zu einem Ausspruch, der es zu einem geflügelten Wort schaffen sollte: »Man kann mit einer Wohnung einen Menschen genauso töten wie mit einer Axt.«

Die Hauptstadt wucherte zu dieser Zeit, die Einwohnerzahl wuchs rasend schnell. Angelockt vom wirtschaftlichen Aufschwung einer sich industrialisierenden Großstadt, kamen die meisten Zuwanderer aus den landwirtschaftlich geprägten preußischen Ostprovinzen nach Berlin, das Hoffnung auf höheren Verdienst und bessere Lebensumstände weckte. Um dem starken Zuzug gerecht zu werden, wurde 1862 der Hobrecht-Plan in Kraft gesetzt, der für eine geordnete Bebauung unter Einbeziehung des Umlands sorgte. Die Eingemeindungen machten vor allem im Norden und Osten der Stadt den Bau der berühmt-berüchtigten Mietskasernen möglich, in denen das Proletariat wohnte. Man errichtete zusätzlich Hinter- und Seitenhäuser und ließ in den Höfen nur die geforderten Mindestflächen unbebaut, so dass kaum Tageslicht in die Wohnungen drang. Infolge dieser dichten Bebauung und der unwürdigen hygienischen Verhältnisse, die Krankheiten auslösten, kam es immer wieder zu erheblichen sozialen Spannungen unter den Zuwanderern. Erst die Konstruktion von Kanalisationssystemen sowie Wasser- und Verkehrswegen um 1893 verbesserte die Lebensbedingungen der »kleinen Leute« nachhaltig. Bald verzeichnete man sogar einen kräftigen Geburtenüberschuss.

Der pfiffige Knabe Heinrich Zille entwickelt sich indes in der Gemeindeschule in der Krautstraße rasch zum »echten« Berliner mit zugehörigem Zungenschlag. Viel Zeit, sich der neuen Umgebung zu widmen oder mit anderen Straßenjungen zu spielen, bleibt ihm jedoch nicht. Er muss zum Einkommen der Familie beitragen und seine Mutter bei der Heimarbeit tatkräftig unterstützen, denn der Vater hat nach seiner wechselhaften Vergangenheit Schwierigkeiten, eine feste Stelle zu finden. Erst sechs Jahre später wird er einer geregelten Arbeit nachgehen. Heinrich und seine geschickte Mutter versuchen sich eine Weile in der Produktion von Jettschmuck, damaligem Modeschmuck aus Braunkohle, den sie sehr gekonnt in Eigenherstellung anfertigen und an die Kundschaft veräußern. Nach Abklingen des Trends bastelt die kreative Mutter Tintenwischer aus Stoff- und Fellresten, Stecknadel-Igel und Ähnliches, um der Familie ein Auskommen zu ermöglichen. Der zehnjährige Heinrich bleibt ebenfalls nicht untätig und verdingt sich als Fremdenführer für Besucher. »Wir zeigten ihnen die alte Stadt mit Schloß, Rathaus, Kirchen. Unter den Linden (hier war am Pariser Platz ein berühmter Budikerkeller), die alten Gassen, nicht zu vergessen den Krögel; und waren die Reisenden nur

Männer, dann auch die verrufene Königsmauer. Gute Gastwirtschaften, berühmte und berüchtigte Lokale auf Höfen und in tiefen Kellern, abenteuerliche Schnapsspelunken aus der Berliner Verbrecherromantik: je nachdem die Leute Zeit und Wünsche hatten, stellten wir uns ein.« Abends übt der rührige Knirps häufig noch eine weitere Nebentätigkeit aus: Er verkauft Theaterprogramme vor dem Wallner-Theater in Friedrichshain. Eines Tages lädt ihn ein freundliches Paar zum Besuch der Vorstellung in seine Loge ein: Er müsse das Stück kennen, von dem seine Zettel handeln. »Ausgerutscht bin ich auf dem glatten Parket nich – ich war barfuß«, erinnert Zille sich später. So richtig gefällt dem Jungen das Stück »Die Mottenburger« jedoch nicht. Er begeistert sich altersgemäß eher für den damals gefeierten Puppenspieler Linde.

Dem Arbeitersohn Heinrich Zille, der mit offenen Augen durch Berlin streift, bleiben die sittlichen und sozialen Zustände seiner Umgebung nicht verborgen. Früh entwickelt der Knabe einen Sinn für die Merkwürdigkeiten und Skurrilitäten der Großstadt. Fasziniert zeigt er sich von Gestalten wie Guckkastenmännern, Drehorgelspielern und »allerlei Orijinalen«. Berührungsängste kennt Heinrich Zille nicht. Neugierig zieht er durch die Gassen, Mietskasernen und dunklen Hinterhöfe, in denen Tausende proletarische Zuwanderer Unterschlupf gefunden haben. Armut, Arbeitslosigkeit und Verwahrlosung sind allgegenwärtig. Aus diesen ersten Jahren in Berlin stammen Zilles bitterste Erfahrungen. Die Nähe zum Abgrund lässt ihn nicht wieder los. Er entwickelt sich zum »Chronisten der armen Leute«. Das Elend wird zu seinem Markenzeichen.

Die Kirche zu Stralau

Die spätere Bemerkung »Das glaubt ja keiner, was ich alles gesehen habe« nimmt man ihm ohne Zweifel ab. Denn Zille kommt früh in Berührung mit dem »fünften Stand«, wie er die Vergessenen nennt, denen sein vorrangiges Interesse lebenslang gilt.

»Frau Direktor« zum Beispiel wohnt mit fünf Tingeltangel-Mädchen in einer kleinen Wohnung über dem Pferdemetzger. Als Laufjunge der Damenkapelle ist Zille bei den halbnackten Mädchen, die beim Waschen und Anziehen die Lieder des Programms vor sich hin trällern, bald ein gerngesehener Gast. Ein weiteres vertrautes Verhältnis hat er zu der Prostituierten »Frau Clara« und ihrem kellnernden Gatten Fränze. Diese Nachbarin geht hin und wieder »klettern«, um das Haushaltsbudget aufzubessern. Zille spielt dann den Aufpasser für das schwachsinnige Kind Fritze. So manches Mal, wenn »Frau Clara« blank nach Hause kommt, muss er sein Geld eintreiben, denn »Schlecht Wetter – schlecht Geschäft! – Und nichts mehr zu Versetzen!«. Für eine andere Mieterin im Hause, die Metzgersfrau, erledigt Heinrich den Papierkram, denn sie kann weder lesen noch schreiben. Für diese Dienstleistung erhält er Wurst als Entlohnung. Manchmal ist es so viel, dass er in der Schule davon abgeben kann, und schon hat er seinen Spitznamen »Wurscht-Zill« weg. Zu seiner eigenen Verwunderung steht »Zill« jahrelang auf seinen Zeugnissen. »Erst viel später entdeckte ich, daß mein Vater bei unserer Übersiedlung nach Berlin das ›e‹ hinten stillschweigend abgehängt hatte – um seinen drängenden Gläubigern zu entgehen.« (Tatsächlich haben sich die Vorfahren der Familie »Zill« geschrieben. Der Name leitet sich angeblich von dem heiligen Nothelfer Cyriak, volkstümlich auch Cyliax oder Cylius, ab). Der Schwindel fliegt erst ein paar Jahre später auf, als Heinrich Zille für den Wehrdienst gemustert wird und sich die Militärbehörde für die Registrierung einen Auszug aus dem Geburtenregister kommen lässt. Schleunigst bemüht sich der Vater, die peinliche Angelegenheit mit der Polizei zu klären.

Zilles umtriebiges Leben hindert ihn nicht daran, ein guter Schüler zu sein. Im Alter blickt er wehmütig auf seine Schulzeit zurück. Manche Erlebnisse bleiben ihm ewig präsent, beispielsweise Besuche im Zoo – Hin- und Rückweg mussten mangels Groschen zu Fuß durch die ganze Stadt zurückgelegt werden. Die Ausflüge endeten in Mitleid mit den »Biestern«, die damals in engen, auf Rollen stehenden Käfigen vor sich hin vegetierten. Auch an den alten Lehrer Ulrich mit seinem langen lockigen Haar, der dem Dichter Uhland ähnlich sah, erinnert sich Zille später noch. Ulrich brachte viel Geduld für die 12- bis 13-jährigen Knaben auf, obwohl diese, Zilles Aussage nach zu urteilen, dem alten Mann sein Lehrerdasein nicht leichtmachten. Traurig las er seinen Schülern von den Gefallenen und Gefangenen vor, als 1870 das Hurra-Geschrei losging. Fast täglich war das der Fall, und ständig trafen Kriegs- und Siegesdepeschen ein. Der Lehrer musste seinen Schülern zu diesen Anlässen freigeben, ermahnte sie aber ausdrücklich, den Müttern von den Toten zu erzählen. Schöne Erinnerungen verbindet Zille mit sommerlichen Ausflügen: »Nachmittags, wenn Schönwetter war, machten wir manchmal Landpartien nach der Lausewiese – der Weberwiese. Die Lehrer ließen eben den Nachmittagsunterricht, der sonst noch üblich war, ausfallen.

Da konnten wir beobachten, wie die Weber ihre Arbeit zwischen den Bäumen aufhängten und trockneten. Und dann konnten wir auch aufpassen, daß wir uns nicht selbst Läuse holten. Denn eine Menge Sonnenbrüder lagen da und ließen sich bescheinen. So hießen doch früher die Penner und alten Bettler«, äußert sich der ehemalige Schüler mit der Gabe der Fabulierkunst detailgenau über die Jahrzehnte zurückliegende Unternehmung.

1869 findet die prekäre Situation der Familie ein Ende: Der Vater erhält endlich eine feste Anstellung als Werkzeugmacher in einem großen Goldschmiedebetrieb. Nun ist die Zeit des Darbens und Sparens vorbei. Bis ins hohe Alter sollte Johann Zille die Stelle behalten und mit großem handwerklichem Geschick für die Goldschmiedewerkstatt Friedländer Unter den Linden arbeiten. Als er altersbedingt kaum noch laufen kann, lässt er sich die Arbeit in seine Wohnung bringen. Die finanzielle Entspannung gipfelt nach Abzahlung der Schulden in einem bescheidenen Haus in Rummelsburg (Fischerstraße 8), das nach dem Tod der Eltern 1908 und 1909 von Zilles Schwester Fanny übernommen wird.

Ostern 1872 beendet Heinrich Zille die Volksschule. Er ist 14 Jahre alt und soll auf Wunsch des Vaters eine Lehre im Fleischerhandwerk absolvieren, um einen vernünftigen, einträglichen Beruf zu erlernen. Zilles Widerwille gegen diese Zunft macht die Ausbildung zum Ärger des Vaters jedoch unmöglich. Das Mitleid und die Tierliebe seines Sprösslings sind mit der Tätigkeit nicht vereinbar, der Ekel vor Blut und Fleisch ist zu groß. Heinrich Zille, der kleine Spatzen füttert und sich gerne von einer Schar Sperlinge ärgern lässt, wenn er nicht regelmäßig Futter streut, sieht sich den blutigen Anforderungen nicht gewachsen. Eine abschreckende Zeichnung über das Töten von Tieren, betitelt mit »Im Schlächterkeller«, untermauert seine Haltung wenige Jahre später. Auf der Abbildung, die in der Zeitschrift SIMPLICISSIMUS erscheint, wimmelt es von Maden, Käfern und Ratten sowie den obligatorischen Fleischabfällen. Der trockene Kommentar dazu: »Wat man mit det Viehzeug for eene Arbeit hat, det et bloß nich zu die Kunden alleene hinlooft.«

Unterstützung bei der Berufswahl naht in Form des Zeichenlehrers Spanner, bei dem Zille als Schüler zweimal in der Woche Privatunterricht genommen hat. Er hat seine Liebe zum Zeichnen zwei Jahre vor Beendigung seiner Schulzeit entdeckt. Kein leeres Stück Papier war vor ihm sicher. Ob auf alten Schulblättern, vergilbten Zeitungsresten, zerknittertem Packpapier oder alten Droschkenfahrscheinen: Zeichnungen von seiner Familie und von Freunden fanden sich überall. Da der Zeichenlehrer Zilles Talent längst erkannt hat, möchte er ihn fördern. Aufgrund der Begabung seines Schülers und der bereits bemerkbaren Fortschritte beim Zeichnen rät er zum Beruf des Lithographen: »Bei dieser Arbeit sitzt man in der warmen Stube, immer fein mit Kragen und Schlips, man schwitzt nicht und bekommt keine dreckigen Finger. Nachmittags vier Uhr geht man nach Hause, die Lehre dauert drei Jahre und (…) du wirst mit Sie angeredet. Was willst du mehr?« (Flügge, 1955). Im Nachhinein begründet Zille seine Berufsentscheidung mit der verlockenden Aussicht, mit »Sie« angesprochen zu werden. Spanner hilft bei der Vermittlung der Lehrstelle. Der Junge kommt beim Lithographen Fritz Hecht unter, der in der Alten Jakobstraße seine lithographische Werkstatt über dem verrufenen Balllokal »Orpheum« betreibt. Mehr als handwerkliche Grundfertigkeiten wie das Kolorieren der Steindrucke, das Zeichnen nach photographischen Vorlagen und eine gewisse Routine im Umgang mit den Abläufen in einer Reproduktionswerkstatt vermittelt der Betrieb Zille jedoch nicht. Eigenständige kreative Arbeit und ein individueller künstlerischer Ausdruck sind bei Hecht nicht erwünscht. Entpuppt sich die Lehrstelle auch als unbefriedigend, so wird die rudimentäre Ausbildung mit der besonderen Atmosphäre im Lehrbetrieb aufgewogen. Auf den jungen Mann bleibt sie nicht ohne Wirkung: »Zum Frühstück mußte ich Bier holen – bei den Kellnern der Tanzsäle. Sie hatten eine eigene Kantine und putzten vormittags den Fußboden, die Spiegelscheiben und was zu solchen Lokalen dazu gehört. Wenn ich hinein kam, lagen noch betrunkene Männer und Weiber in den Nischen und Logen auf den Plüschsofas: die Glücklichen der Gründerzeit, die die Ernte der Kriegserfolge von 1870 einheimsten. Ich kam mal dazu, wie die Kellner ein betrunkenes dickes Frauenzimmer über den Stuhl gelegt hatten und auf ihrer entblößten Kehrseite einen Dauerskat kloppten.« Sensiblere Naturen als Zille hätte diese raue Wirklichkeit vielleicht abgeschreckt. Für ihn hingegen, der schon als Kind schonungslos mit der harten Realität konfrontiert worden ist, bilden diese Erlebnisse nur weiteren Nährboden für seine Kreativität.

Eine schlechte Wahl ist die Ausbildung zum Lithographen nicht. Die Arbeit in der Reproduktionswerk-

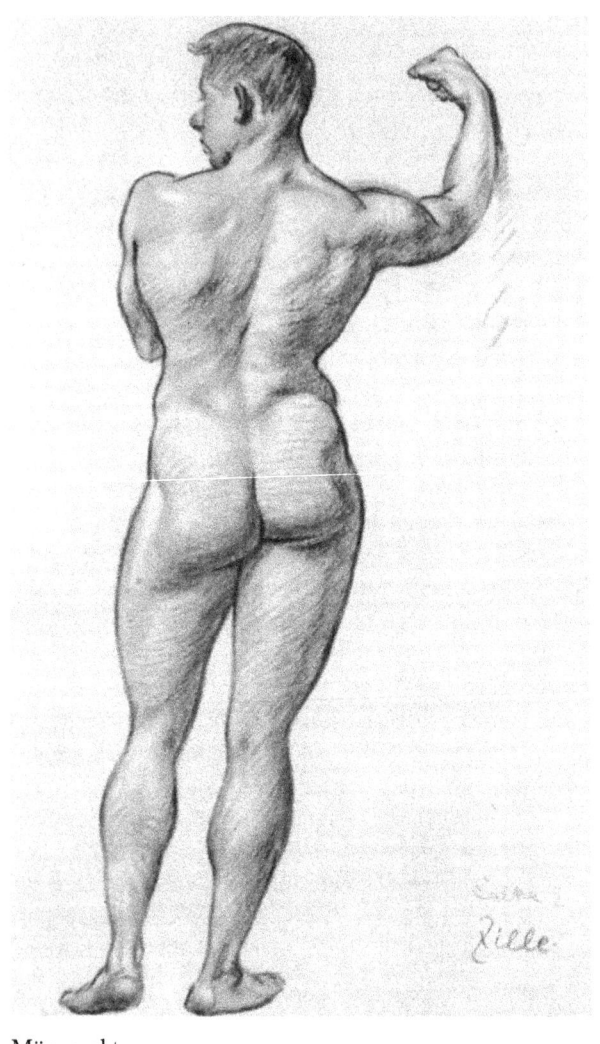

Männerakt

statt sichert dem jungen Heinrich Zille eine solide Zukunft. Es herrscht Gründerzeit in Berlin, und mit der einsetzenden Bauwut entstehen neue Stadtviertel. Die vielen nackten Wände in den neu errichteten Mietshäusern laden in großem Umfang zur Dekoration ein. Bald kommen die Druckereien mit ihren Aufträgen nicht mehr hinterher. »Die Lithographenlehrlinge wurden mit großen Versprechungen entführt und als Gehilfen hoch bezahlt. Viele Gehilfen fuhren nur mit Droschke ›erster Güte‹ (Klasse) zum Arbeitsplatz.«

Auf Dauer befriedigt das Abzeichnen von Vorlagen für Beleuchtungskörper, Modekataloge und galante Bücher Zilles kreative Ambitionen jedoch nicht. Aus eigenem Antrieb finanziert er sich mit seinem mühsam verdienten Geld Mal- und Zeichenunterricht in den Abendkursen der Königlichen Kunstschule in der Klosterstraße. In der Gebührenliste der Akademie, die Zilles Teilnahme am Abendunterricht in den Jahren 1877 und 1878 bestätigt, findet sich der Nachweis, dass er jeweils 15 Mark entrichtet hat. In der Kunstschule herrscht der »Akademiegewaltige« Anton von Werner (1843–1915). Zille bekommt den Maler und Kunstpolitiker manches Mal zu Gesicht und erzählt später, wie der Direktor bei Hoffesten abseits stand, um ein paar Striche zu skizzieren, und dann, Häppchen kauend, zur Staffelei stürzte, um das Gesehene frisch aus der Erinnerung auf Papier zu bannen.

Anton von Werner verkörperte den eifrigen Verfechter und Wächter der vom Kaiser beeinflussten akademischen Kunst. Er machte sich als künstlerischer Chronist der zeitgenössischen politischen und militärischen Erfolge Preußens und der dynastischen Verehrung des Hauses Hohenzollern verdient und gewann die Gunst des Publikums. Propagandistische Inszenierungen und monumentale Repräsentationsbilder wie die »Kaiserproklamation in Versailles« (1877) erhob er zu seinem Metier. Der Erfolg gab ihm recht. Im April 1875 ernannte ihn der Verein Berliner Künstler durch eine Petition zum Direktor der Hochschule der Künste. Von 1887 bis 1906 übernahm er auch den Vorsitz des Vereins Berliner Künstler. Diese Personalunion verschaffte ihm eine gesicherte Vormachtstellung und Einfluss auf die Kunstpolitik. Anton von Werner war die unbestreitbare Autorität des offiziellen Kunstbetriebs der Reichshauptstadt.

Trotz des strengen und konventionellen Lehrbetriebs war der Zulauf junger Künstler an die Königliche Kunstschule in Berlin enorm. Das lag zum einen an der Persönlichkeit Anton von Werners, zum anderen an der Attraktivität der quirligen Großstadt, die ihren Reiz auf die Jugend ausübte und die Lebensfreude trotz der reglementierten Arbeit nicht zu kurz kommen ließ. »In der Abendklasse wurde sechs Tage lang, jeden Abend zwei Stunden, nach einem stillstehenden nackten Mann gezeichnet (…). Weibliche Modelle, ganz nackt, waren nicht erlaubt, nur entblößte Brust (Bruststück) und auch nur in den Meisterateliers, also von ganz wenig Kunstjüngern geübt.« (DER QUERSCHNITT, 1927)

Der Maler Carl Domschke unterrichtete anatomisches Zeichnen. Bei ihm lernt der wissbegierige Heinrich Zille das Proportionsschema, die »Lehre von den Knochen und Muskeln, von den Verhaeltnissen des menschlichen Koerpers und von den Verkuerzungen«, wie es in den auf Johann Gottfried Schadow zurückgehenden Lehrmitteln heißt. Obwohl man Zille an der Kunsthochschule die Grundkenntnisse des bildenden Künstlers beibringt, profitiert er von dem Unterricht wenig. Es bedarf erneuter Aktstudien in späteren Jahren, um auf diesem Gebiet Sicherheit zu erlangen. Dennoch wirken die Abendklassen anregend und inspirierend. Neben dem Aktzeichnen tut es dem heranreifenden Burschen vor allem der Kurs des Professors Theodor Hosemann (1807–1875) an. In dem Genremaler und Zeichner findet Zille eine Art Vorbild. »Die Auffassung milieugebundener Armeleutemotivik mit dem Positivum lebensechter Wahrhaftigkeit und gleichzeitig mit der Grenze unkämpferischer Ausweglosigkeit bestimmte auch den Ausgangpunkt der Kunst Zilles. Wohl wuchs er später darüber hinaus, bewahrte aber auch wesentliche Züge seines Vorbildes, zugleich mit seinen Grenzen«, analysiert der Zille-Experte Gerhard Flügge den Einfluss Hosemanns auf Zille (Flügge/Zille, 1974). Sein künstlerisches Wirken verschaffte Theodor Hosemann 1857 den Professorentitel, drei Jahre später ernannte man ihn zum Mitglied der Akademie der Künste. Sein Lebenswerk umfasst kleinbürgerliche Volksszenen, politische Karikaturen und in besonderem Maße Kinder- und Jugendbuchillustrationen für den Verlag Winckelmann & Söhne. In der Zusammenarbeit mit dem Satiriker Adolf Glaßbrenner trafen zwei kongeniale Künstler aufeinander, die sich vortrefflich ergänzten. Politisch einander nahestehend, dem Alltag der kleinen Leute zugewandt, schufen Schriftsteller und Zeichner humoristisch-satirische Volksliteratur, die sich großer Beliebtheit erfreute.

Von Hosemann, der zum Vergnügen seiner Schüler

die Berliner Mundart pflegte wie der »olle Schadow«, bekommt Zille den weisen Ratschlag, lieber im Freien, auf der Straße zu beobachten und zu zeichnen, als im Atelier »nachzumachen«. Zille folgt dieser Empfehlung und geht sonntags zum Zeichnen in die Natur, um sich an der Freiluftmalerei zu versuchen. In der verbleibenden Zeit bemüht er sich, einst auf der Straße Gesehenes sowohl ernsthaft als auch humorvoll zu Papier zu bringen. Im Alter betont Zille gerne, wie sehr ihm die Beobachtungen und Erlebnisse aus seiner Kindheit und Jugend halfen, die späteren Bilder zu gestalten. Treffend schreibt er in einem selbstverfassten Lebenslauf vom März 1924: »Arme Kunstjünger malen Reichtum und dicke Schinkenbrote. Und die reichen Jünglinge quälen sich, die Armut in Wort und Bild darzustellen. Verkehrte Welt.«

Zu Professor Hosemann entsteht ein besonderes Verhältnis. Häufig besucht Zille den väterlichen Freund in dessen Wohnung in der Luisenstraße am Neuen Tor, darf dessen Skizzen und Zeichnungen begutachten oder sogar abzeichnen. Möglicherweise sah der alternde Maler in dem ambitionierten Schüler einen Nachfolger, der die Tradition der lebensnahen Darstellungen fortzuführen vermochte, in der auch er selbst verankert war. Zille ist ernsthaft betrübt, als sein Lehrer und Mentor stirbt: »Wie oft hab' ick'n als junger Bursche nach seiner Wohnung ruffjebracht. 1875 ist er jestorben, und als er uff'm Sophien-Friedhof in der Invalidenstraße beijesetzt wurde, da hatten wir frei – da bejleitete ich ihn das letzte Mal.« Das wichtige Prinzip, »raus auf die Straße, ins Freie« zu gehen und zu malen, hatten schon vor Hosemann bedeutende Künstler des 18. Jahrhunderts verinnerlicht. Etwa William Hogarth, Johann Gottfried Schadow und insbesondere Daniel Chodowiecki, der »nach Gemälden wenig, nach Gips etwas, viel mehr nach der Natur gezeichnet hat« (Kammerer, 1897). Der Hinweis Adolph Menzels an junge, aufstrebende Künstler, sich von der Rampe des Kaffeehauses Josty mehr als vom Aktsaal in der Akademie inspirieren zu lassen, entsprang wohl derselben Intention.

In Anlehnung an die damals übliche Gebrauchslithographie, wie sie auch Hosemann fertigte, entsteht Zilles erster Steindruck: »Das schöne Pfingstfest. Zittau. 1877«. Das Erinnerungsblatt, das von einem ereignisreichen Pfingstausflug erzählt, lässt kaum etwas von Hosemanns Einfluss erkennen. Die Figuren wirken seltsam knochenlos, als hätte der Zeichner niemals Anatomieunterricht genommen. Dieses Beispiel lässt erkennen, dass Zille kein Naturtalent ist und das Handwerk bei ihm nur durch fleißiges Üben zur Kür führt. Im anekdoten- und zitatenreichen »Zille Buch« von Hans Ostwald schreibt er 1929 selbstkritisch: »Das ist alles nur mit Gewalt gemacht! (…) Nur mit Gewalt! Weil ich es gewollt habe. Weil ich mich immerzu gezwungen habe, immerzu geübt habe! Weil ich jedes kleine Ding beobachtete und abzeichnete. Jeden alten Latschen. Jeden krumm getretenen Stiebel. Jede alte Gosse. Jeden Straßenwinkel.«

Nach dem Ende seiner Lehrzeit bei Fritz Hecht arbeitet Zille zunächst in verschiedenen lithographischen Anstalten, um seine handwerklichen Fähigkeiten weiterzuentwickeln. Er ist als Zinkograph, Kupferstecher, Radierer und Illustrator beschäftigt, auch beim Kinder- und Jugendbuchverlag Winckelmann & Söhne, bei

Zwei Selbstbildnisse als Soldat

dem schon sein hochverehrter Lehrer Theodor Hosemann als eine Art »Hausillustrator« tätig war. Zwei Jahre nach dem Ende der Ausbildung, 1877, tritt Zille eine Gesellenstelle bei der Photographischen Gesellschaft an. Die Werkstatt ist auf Gebrauchsgraphik und Trivialkunst spezialisiert. Hier sollte er dreißig Jahre angestellt bleiben, bis er 1907 unwürdig entlassen wird.

Der Zeitraum von 1880 bis 1882 bedeutet eine Unterbrechung des routinierten Berufslebens. Der große und stattliche Zille erhält die Einberufung zum Militärdienst und findet sich beim Leib-Grenadier-Regiment, II. Companie, in Frankfurt an der Oder wieder. Befürchtungen jeglicher Art zerschlagen sich schnell, als der Wehrpflichtige merkt, wie erfolgreich er seine künstlerischen Fähigkeiten in den Militärdienst einbringen kann. Wird er anfangs noch von seinen Vorgesetzten verspottet, macht man sich seine Person bald zunutze. Manche Geländeskizze lassen die Leutnants gerne von Zilles Hand zeichnen, um sie den Kommandeuren dann unter eigenem Namen vorzulegen. Dies ruft zwar Sticheleien und Kritik von Seiten der Kameraden hervor, verschafft Zille aber vor allem Respekt und Ansehen bei den Vorgesetzten. Man hütet sich, ihm zu viel Arbeit auf seinem Wachposten in Sonnenburg zuzumuten. Zu groß ist die Sorge der Leutnants, wieder selbst zu Stift und Papier greifen zu müssen. Auch weiß man die Fähigkeiten des jungen Grenadiers durchaus für private Porträtaufträge zu nutzen. Heinrich Zille selbst schildert seine Militärzeit mit folgenden Worten: »Wir wurden in die Kompagnien verteilt, kamen in die Stuben, die Wanzen lauerten schon auf uns. In den Betten lag Häcksel als Stroh –

zerlegter Müll. Schlechtes Essen gab's. Dafür wurden wir täglich von den Offizieren mit einer Kloake von Kasernenhofblüten und Witzen besudelt. Die Rohheiten der Unteroffiziere, denen ihre Dienstzeit nur die Vorübung und Lehre war, um dann nach neun Jahren als Schutzmann, Steuer-, Post-, Eisenbahnbeamter usw. gut untergebracht zu sein, wurden außerdem noch mit der Pensionsberechtigung belohnt.«

Vor erschütternden und nachhaltigen Eindrücken, die Zille später in einigen Zeichnungen verarbeitet, schützt seine Sonderstellung ihn nicht. Sein Wachdienst vor dem Zuchthaus ist kein Zuckerschlecken. Auch bleiben Zille Antisemitismus und Intellektuellenfeindlichkeit der Offiziersriege nicht verborgen. Er dokumentiert seine Wahrnehmungen in Skizzenbüchern wie in einer Art Tagebuch. In Zilles Frühwerk nehmen die Zeichnungen und Kommentare aus dieser Zeit eine Schlüsselstellung ein. Sie enthalten eine Fülle von sentimentaler Soldatenromantik und Beobachtungen aus dem Militäralltag, deren detailgenaue Darstellung sich an die damals gängigen Sehgewohnheiten anlehnt. Die illustrierte Zeitschrift GARTENLAUBE und ähnliche populäre Familienblätter dürften gelegentlich als Vorbild gedient haben. Das Gefühl für Proportionen scheint bei Zille zu diesem Zeitpunkt noch nicht ausgereift. Die Körper sind zu lang, die Köpfe zu klein – Darstellungsfehler, die der Zeichner selbst erkennt und schnell überwindet. Leider gelten die Skizzenbücher der Militärzeit, bis auf ein einziges, als verschollen.

Die Militärzeit heizt Zilles Freude am Zeichnen spürbar an, und er geht mit neuem Antrieb aus ihr hervor. Vor und nach der Arbeit noch etwas Eigenes zu skiz-

»Einjähriger Levi, Sie müssen lauter kommandieren, das
hört ja kein Schwein, Sie müssen schrei'n! Könn' Se nich
schrei'n? Sie sind doch sonst ein ganz gebildeter Mensch!«

zieren, unermüdlich zu üben, gehört künftig zu seinem
Tagesablauf dazu. 1929 erinnert er sich: »Aber wenn
ich morgens so'n bißchen nach der Natur gezeichnet
hatte, dann hatte ich Ruhe für die Brotarbeit. (…) Und
abends? Ja, da konnte es wohl vorkommen, daß ich bis
vier in der Nacht arbeitete – bis der Hahn krähte.«

Bald nach dem Militärdienst wird geheiratet. Am
15. Dezember 1883 ehelicht Heinrich Zille die um
sieben Jahre jüngere Hulda Frieske (1876–1919), die
Tochter eines Nadlermeisters und Handarbeitslehrers
aus Fürstenwalde bei Berlin. Das junge Paar bezieht
eine bescheidene Kellerwohnung am Rummelsburger

Grenzweg, in der Nähe von Zilles Elternhaus. 1884 wird das erste Kind, die Tochter Margarete, geboren. 1888 folgt Sohn Hans, 1891 kommt Walter zur Welt. In dieser ruhigen, häuslichen Lebensphase besteht das schönste Sonntagsvergnügen für den jungen Ehemann und Vater aus den Morgenspaziergängen in der Heide. So entstehen zahlreiche kleine Landschafts- und Familienaquarelle, abseits von der Welt der Kleinbürger und »Lumpenproletarier«, mit lieblichen Titeln wie »Weg nach Karlshorst« oder »Märkische Kiefern«, die zu Zilles Frühwerk gehören. Von der Leichtigkeit der geschwungenen Linien und den flüchtigen Bewegungen, die Zilles Zeichnungen einmal unverwechselbar machen werden, ist ebenso wenig zu erahnen wie von der sozialkritischen Thematik. Dabei ist Rummelsburg in dieser Zeit ein sozialer Brennpunkt vor den Toren der Großstadt Berlin. Waisenhäuser, ein Gefängnis und zahlreiche Industrieflächen sind hier angesiedelt, aber auch Lebensmittelumschlagplätze wurden eingerichtet, um eine ausreichende Versorgung der expandierenden Metropole zu gewährleisten. Rummelsburg gilt als die »Abstellkammer Berlins«. Vieles, was im Berliner Stadtbild störend wirkt – von der Prostitution bis zum Schwefelkraftwerk –, wird an den Stadtrand im Osten ausgelagert. Rummelsburg genoss einen schlechten Ruf.

Zille verspürte den Wunsch, etwas Eigenes hervorzubringen, bereits vor seiner Militärzeit. Erste Veröffentlichungen in verschiedenen Zeitschriften zeugen von einem unruhigen, kreativen Geist. 1880 entstehen zwei Studien, die durch die Wahl des Themas ein Schlaglicht auf Zilles späteres Schaffen werfen. Das

Blatt »Auf dem Wege zur Arbeit« zeigt eine schwangere Frau, die eine Milchkanne trägt, und im Vordergrund ein älteres Paar sowie eine Dirne mit Federboa und Schleierhut. Alle Personen streben einem vergitterten Gebäude entgegen, einem Gefängnis, einer Volksküche oder Ähnlichem. In einer zweiten Fassung kommt noch ein buckeliger Landstreicher hinzu. Die erste Zeichnung ist mit einem Kommentar versehen: »Mein erster Versuch, etwas aus dem Arbeiterleben zu komponieren«. Ansonsten schöpft Zille seine Motive noch ganz aus dem Radius zwischen Wohn- und Arbeitsort. Pflanzen wie Kiefern, Disteln, Mohn und Sonnenblumen wecken ebenso seine Aufmerksamkeit wie Stadtansichten, die er mit großer Sorgfalt detailgenau wiedergibt. In diesen Bildern vermittelt Zille den Eindruck von »Privatheit und Naturgenuß« (Altner, 1997). Ein ernsthaftes Interesse an gesellschaftlichen Beobachtungen und den Lebensbedingungen anderer Menschen lässt sich für die 80er Jahre des 19. Jahrhunderts nicht nachweisen. Es sind die Bildnisse von Menschen, sei es von Kollegen oder der Familie, die Zille in dieser Zeit gut gelingen. Ein Lieblingsmodell stellt die Tochter Grete dar, die er in allen möglichen Posen abbildet. Aus den sehr unterschiedlichen Blättern gewinnt man die Erkenntnis, »daß hier einer lässig sein Steckenpferd reitet (…) und sich das Vergnügen gelegentlicher Malübungen erlaubt.« (Ranke, 1979)

Titelseite des Buches »Kinder der Straße«, zweite und folgende Auflagen

Zilles Anfänge als »Rinnsteinzeichner«

Auf den Beginn der 1890er Jahre lassen sich Zilles regelmäßige Anstrengungen datieren, Großstadterfahrungen und -beobachtungen zeichnerisch umzusetzen. Erst nach einer etwa zehnjährigen Übungsphase wird dem ambitionierten Künstler die Vollendung des unverwechselbaren kurvigen und schnellen Strichs gelingen, der zu seinem Charakteristikum werden sollte.

Von Zilles neuer Wohnung in der Sophie-Charlotten-Straße in Charlottenburg aus, die er 1892 mit der Familie bezieht, sind die Mitte und der Norden Berlins ohne großen Aufwand zu erreichen. So wie Zille jahrelang von Rummelsburg nach Köpenick, Karlshorst und Biesdorf gewandert ist, nimmt er sich nun in seiner Freizeit die rasant wachsende Großstadt vor. Bewusst beginnt er, Szenen aus der proletarischen Unterschicht zum Thema seiner Arbeit zu erheben. Es ist ein Einschnitt: Großstädtische Erscheinungen wie Bettelei, Prostitution und Selbstmord statt lieblicher Landschaften beherrschen künftig Zilles Bilder. Das entsprechende »Milljöh« findet der Zeichner in den Hinterhöfen, Gassen und Kneipen der Arbeiterviertel, welche die passende Kulisse für seine Schilderung sozialer Ungerechtigkeiten bilden. Wie die Malerin Käthe Kollwitz (1867–1945) oder der Maler Hans Baluschek (1870–1935) entwickelt sich Heinrich Zille in den 1890er Jahren langsam zum künstlerischen Anwalt der Sprachlosen und Ohnmächtigen. Stehen Käthe Kollwitz' Werke, in denen sie die von Krankheit und Armut Gezeichneten auf ergreifende Weise darstellt, für die leidende Kreatur und diejenigen Hans Baluscheks für den unterdrückten Arbeiter, so wirken Heinrich Zilles Bilder humoristischer und zynischer. Der Zeichner betont gerne die Kraft des Volkes und dessen ungebrochenen Selbsterhaltungstrieb, weshalb er selbst die elendsten Männer und Frauen aktiv und agil darstellt.

Es ist um 1890 in Berlin keineswegs selbstverständlich, dass ein ehrgeiziger Lithograph statt märkischer Kiefern das alltägliche Miteinander aufs Papier zu bringen beginnt. Es ist auch eher unwahrscheinlich, dass sich Zille damals ohne Anstoß oder Einfluss von außen mit den sozialen Missständen der Großstadt befasst hat. Eine denkbare Erklärung für sein Engagement scheint vielmehr in seinem Umfeld und seinen Lebensumständen zu liegen. Nicht nur der von Zille verehrte Lehrer Theodor Hosemann und der bewunderte jüngere Maler Hans Baluschek, die mit ihre Bildern Sozialkritik übten und vermutlich inspirierend wirkten, scheinen auf den Künstler einzuwirken, sondern auch das politische Klima der Zeit. Zilles Entwicklung zum kritischen Zeichner vollzieht sich parallel zu der einer sozialen Bewegung: Ende des 19. Jahrhunderts führten die Folgen von Industrialisierung und Verstädterung zum Erstarken der Arbeiterbewegung, die gegen das massive Elend und die Armut in der Großstadt Berlin aufbegehrte. Zu einer Versöhnung zwischen der Arbeiterschaft und dem »sozialen Kaisertum« kam es nicht. Die Fronten waren verhärtet, und eine Einigung wurde nicht erzielt, wie die Verabschiedung des Sozialisten-

gesetzes von 1878 zeigt. Das Gesetz untersagte sozialpolitische Aktivitäten und kam einem Verbot sozialis-
tischer Parteien gleich. Die Unzufriedenheit mit der
politischen Situation trug dazu bei, die Kluft zwischen
den sozialen Schichten immer größer werden zu lassen.

Auf kultureller Ebene wurde der aus Frankreich kommende Naturalismus in Deutschland vor allem in literarischen Kreisen euphorisch aufgenommen. 1888 bildete sich um die beiden Literaten Bruno Wille und Wilhelm Bölsche der Friedrichshagener Kreis, um ein vor preußischen Zensurbehörden geschütztes Forum zu schaffen. Es handelte sich um eine lose bohemehafte Vereinigung, die sich durch lebensreformerische Ideen und gesellschaftskritisches Engagement auszeichnete. Ihre naturalistische Auffassung führte zu neuen Literaturformen und Texten. Von naturwissenschaftlichen Erkenntnissen ausgehend, verstand man das Individuum als Produkt von Erbe, Milieu und historischer Situation. Für den Literaturwissenschaftler Eugen Wolff ist der Naturalismus »nichts anderes als die Zurückführung aller seelischen Erscheinungen auf ihre wahre, d. h. natürliche Ursache. Ein spezifisch naturalistisches Problem ist daher jeder künstlerische Versuch, die Seele, also das Denken, Fühlen und Wollen des Menschen in ihm (Anlagen) und außer ihm (Verhältnisse), darzustellen.« (Wolff, 1971) Der Kunst wurde die Aufgabe zuteil, ohne metaphysische Spekulationen kausale Zusammenhänge und objektive Beobachtung, letztlich die Wahrheit, darzustellen.

Der Dramatiker Gerhart Hauptmann (1862–1946), im benachbarten Erkner ansässig, wurde zum Protagonisten der Bewegung. Sein sozialkritisches Drama »Vor Sonnenaufgang«, das am 20. Oktober 1889 im neugegründeten Theaterverein Freie Bühne uraufgeführt wurde, löste einen ungeheuren Skandal aus und stand zugleich für den Durchbruch des deutschen Naturalismus. Während Hauptmann aus der unmittelbaren Kenntnis der Lebensform und Sprache der schlesischen Weber und Bauern das soziale Drama kreiert, liegt für Heinrich Zille die soziale Zeichnung als Forderung der Zeit in der Luft. Dass er, wie beispielsweise Käthe Kollwitz oder Hans Baluschek, literarische und philosophische Einflüsse auf sich wirken lässt oder sogar entsprechende Theateraufführungen besucht, ist eher unwahrscheinlich. Ein Intellektueller war er nie. Nur eine Verbindung zu dem Schriftsteller Max Kretzer, der zum Friedrichshagener Kreis gehörte, ist durch eine von Zilles Hand gefertigte Porträtskizze Kretzers nachgewiesen. Es liegt nahe zu vermuten, dass sich der lediglich mit einer Volksschulbildung ausgestattete Handwerkersohn den theoretischen Debatten in den Kreisen der Naturalisten aus einem Gefühl der Minderwertigkeit heraus entzog. »Vermutlich hat er sich – als vermeintlicher Außenseiter – in beobachtender Distanz gehalten und insofern auf keiner Seite Spuren hinterlassen, die der Historiker heute noch erkennen könnte. Aber selbst wenn die Unsicherheit und Zurückhaltung eines Sozialaufsteigers in Rechnung gestellt wird, ist nicht ausgeschlossen, daß Zille von der ganzen Aufregung, die die zum Schrecken der Bürger veranstalteten Inszenierungen und Debatten der Naturalisten hervorriefen, nichts wahrgenommen haben sollte.« (Ranke, 1975)

Der Überlieferung zufolge hat sich Zille, der als Büchernarr galt und eine erlesene Bibliothek mit vielen Erstausgaben hinterließ, mit den Romanen von Charles Dickens und Heinrich Heine sowie den französischen Naturalisten Émile Zola und Honoré de Balzac beschäftigt. Zumindest fanden sich bei der Auflösung seiner Bibliothek zahlreiche Bände von Zola. Doch ein Zu-

Drücken musste!

sammenhang zwischen Literatur und bildender Kunst, wie er sich beispielsweise bei Hans Baluschek und Käthe Kollwitz herstellen lässt, ist in Zilles Fall nicht belegbar. Eher sind es persönliche Erfahrungen und Gespräche, die den Blick des Künstlers auf die Realität schärfen.

Denn Fragen zur Moderne, zum Fortschritt und zur Wirklichkeitstreue in der Kunst dürften auch unter Berliner Malern und Graphikern diskutiert worden sein – in Kreisen also, zu denen der aufgeschlossene dreißigjährige Zille beruflich und privat durchaus Zugang hatte. Wie ermunternd muss für ihn die Erkenntnis gewesen sein, »seine Themen« Großstadt und Elend in den Rang der Kunstwürde erhoben zu sehen! »Hier im düsteren Berlin der Mietskasernen und Krämerläden, der Hinterhöfe und Kneipen, der Absteigen und Bordelle, lagen die Stoffe des Naturalismus ›auf der Straße‹: der Alkoholismus etwa oder die Prostitution, Bettler und Selbstmörder, Degeneration und Vertierung, Ehekonflikte und Kinderarbeit, Armenkrankheiten und Maschinensklaventum.« (Mahal, 1975) Auf diesem Gebiet konnte sich Zille seiner Kompetenz sicher sein, denn die eigenen bitteren Kindheits- und Jugenderfahrungen hatten ihn zu einem Experten geformt. Er macht sie sich nun selbstbewusst zunutze und findet seine Motive, indem er beim Zeichnen seinen persönlichen Lebensbereich mehr und mehr überschreitet und das Private hinter sich lässt. Ein Erweckungserlebnis gab es nicht. Die Streifzüge durch die Großstadt verstärken Zilles neue Sichtweise, die den Blick lenkt und die erbaulichen Ansichten hinter sich lässt.

In Analogie zum literarischen Naturalismus erarbeitet sich Zille eine eigene Bildsprache: Er feilt an einem charakteristischen zeichnerischen Stil, der die alltäglichen, häufig deftigen, manchmal ekelerregenden oder abstoßenden Ausschnitte aus dem wahren Volksleben in passender Weise mitzuteilen in der Lage ist. »Es ist wohl kein Zufall, dass parallel zur Durchsetzung des Naturalismus in der Literatur Zille selbst sich Mitte der neunziger Jahre relativ unvermittelt aus den Befangenheiten seines Freizeitdilettierens löst und bis 1900 die Mittel entwickelt, um jener ›Zeichner der Großstadt‹ zu werden, den die einen feiern und die anderen übergehen«, schreibt Michael Freitag. Zilles wie Bilder ausgearbeitete Graphiken entstehen niemals aus spontaner Eingebung. Ihnen liegen immer Skizzen und Studien zugrunde, in denen der Künstler seine Milieubeobachtungen festgehalten hat. »Notieren« nennt er selbst dieses Umreißen von Momentaufnahmen. Häufig kommt er mit einem Berg von Dokumenten in den Taschen nach Hause, um diese dann noch etwas auszuarbeiten, anschließend auf einen großen Bogen zu kleben und einzelnen Themenbereichen zuzuordnen. Es ist seine Art der Dokumentation bildwerter Augenblicke. Als »Briefmarkensammlung« bezeichnet Zille diese tatsächlich häufig winzig kleinen Entwürfe. Er verfügt über einen reichen Fundus solcher Notizen, auf die er bei der Arbeit jederzeit zurückgreifen kann, wenn es um Detailfragen im Bildarrangement geht. Mit der ihm eigenen Ironie erklärt Zille: »Was meinen Sie, wie komisch die Menschen sind! Wenn et sich ums Photographieren handelt, kommen se alle anjeloofen – aber wenn man mal eenen zeichnen will, woll'n se eenen mit de Oogen aus de Jacke stoßen. Et muß ihnen wohl peinlich sein, det se irgendwie durch 'ne Absonderlichkeit uffjefallen sind. Janz schlimm war det, wenn ick in der Elektrischen Kinder zeichnete, wo die Mütter dabei waren. Die dachten denn, daß ick ihnen am Ende was anhexen würde.«

Als Zille in den 1890er Jahren anfängt, seine eige-

Schlafende Obdachlose

nen künstlerischen Vorstellungen auszuprägen, stützen Aspekte der naturalistischen Kunsttheorie seinen Weg. Der in den Gründerjahren verbreitete Mythos vom künstlerischen Ausnahmemenschen wich der Auffassung, dass Kunst nicht auf Auserwählung und höherer Eingebung basierte, sondern auf milieubedingter Erfahrung und Fleiß: »Genie, Talent, das hat uns bereits die moderne Naturwissenschaft gelehrt, ist nichts Überirdisches, Geheimnisvolles, Unerklärliches, vom Himmel auf die Erde Niedergeflogenes, wie die frühere Zeit annahm. Talent, Genie ist nichts anderes als die normale, gesunde, entwicklungsfähige Ausbildung der Gehirnzentren.« (Alberti, 1889)

Heinrich Zilles künstlerische Entfaltung erfolgt in

einem zeitlich engbegrenzten Rahmen. In den 1890er Jahren beschränken Familienpflichten und ein zehnstündiger Arbeitstag die Gelegenheiten zu zeichnen. Nur in den frühen Morgen- und in den späten Abendstunden bleibt etwas Zeit für eigene Ideen. Wie Zille manches Mal betont, empfand er die routinierte Arbeit in der Photographischen Gesellschaft jahrzehntelang als »Tretmühle«. »Die Arbeit war nicht leicht. In einem Kasten wurden die Bilder und dann Asphalt und Kolophonium in den Kasten geblasen. Der feine Staub setzte sich an den Stellen, die Linien und Schatten zeigen sollten. Und dann mußte man das im Gefühl haben, ob es nun genug war oder nicht,« schreibt er im Nachhinein.

In der Werkstatt, in der Zille zunächst als Drucker und Ätzer arbeitet, steht ihm jedoch eine große Auswahl an druckgraphischen und phototechnischen Geräten und Utensilien zur Verfügung. Der professionelle Umgang damit bildet eine Grundlage für seine weitere künstlerische Entwicklung und für ein erwachendes Selbstbewusstsein. Denn Zille ist talentiert. Geschickt eignet er sich die Verfahren der maschinellen Bildreproduktion wie Ätzung, Rotations- und Bogendruck an. Bald ist er auf diesem Gebiet erstaunlich bewandert. Der angehende Künstler experimentiert auch mit den Möglichkeiten der modernen Tiefdruckverfahren wie der Zinkographie, den photomechanischen Verfahren oder dem Bunt- und Öldruck. Inspiration holt er sich unter anderem von den Werken Max Klingers (1857–1920), der als ein Erneuerer der deutschen Graphik gilt. Zille besitzt mehrere Blätter des von ihm verehrten Künstlers und ist begeistert, welche Ausdrucksmöglichkeiten dieser mit Radierung und Aquatinta findet. 1895 entsteht Zilles Aquatinta-Radierung »Die Mantelnäherin während des Konfektionsstreiks«. Sie bildet den brutalen, ungeschönten Geschlechtsakt eines Paares ab und schockiert durch ihre drastische Darstellung. »Die Komik, die in der lustbetonten Umnutzung streikbedingten Freizeitgewinns in eine Einnahmequelle liegt, ist von moralischer Attitüde ebenso weit entfernt wie von sozialer Anklage. Zille treibt sein Thema zur Groteske, er stilisiert sich selbst zum teilnehmenden Voyeur – und das durchaus voller Freude«, analysiert der Zille-Experte Matthias Flügge (Flügge, 2008). Die Radierung steht in starkem Kontrast zu den rührseligen Ansichten der offiziellen Kunst des kaiserlichen Deutschland. Ähnlich schockierend und damit in Widerspruch zur »Werbeagentur für Moral, Christentum und Nächstenliebe«, wie die deutsche Kunst der Jahrhundertwende von kritischen Geistern spöttisch betitelt wurde, stellt sich die Aquatinta einer Entbindung um 1889 dar. Eine von Schmerzen geplagte, erschöpfte Frau klammert sich verzweifelt an zwei um die Bettpfosten geknotete Tücher, um eine erleichternde Haltung bemüht. Im Halbdunkel ihres kärglichen Zimmers sitzt eine Hebamme, die routiniert unter die Bettdecke greift. Es sind vor allem die Frauen, die Zille zum Opfer der Gesellschaft stilisiert. Frauen, die sich in elenden Lagen befinden und sich aus ihrer bitteren Existenz nicht befreien können: die Dirne, die für ihren Lebensunterhalt auf der Straße steht, die Reisigsammlerin, Arbeiterin oder Spreewaldamme, die ihr Einkommen mühsam verdient, oder die überforderte Mutter, die am Rande des Nervenzusammenbruchs steht oder gar Selbstmord begehen will.

Ins Wasser
»Mutter, is's ooch nich kalt«? – »Sei ruhig, die Fische leben
immer drin.«

Die Photographische Gesellschaft lag anfangs in der
Krausenstraße an der Südseite des damaligen Dönhoff-
platzes in Berlin-Mitte. Zilles täglicher Weg zur Arbeit

führte ihn in den ersten 15 Jahren vom Bahnhof Jannowitzbrücke durch die Klosterstraße, in der damals der Mediziner und Biologe Robert Koch wohnte. 1892 erfolgt der Umzug des Betriebs nach Charlottenburg. Das kommt einem Startsignal gleich. Die junge Familie Zille zieht nach mehrmaligem Wohnungswechsel in Rummelsburg nach Charlottenburg, in den vierten Stock eines neuerbauten Mietshauses in der Sophie-Charlotten-Straße 88. Vom Wohnzimmerfenster aus bietet sich die Aussicht auf eine große Freifläche, hinter der das mächtige Atelierdach von Zilles Arbeitsstätte an der Ahornallee sowie der turmartige Bau der Pension Tanncke inmitten der Westend-Kolonie wie Fixpunkte am Horizont aufragen. In der neuen Bleibe findet Zille Inspiration und greift zu Zeichenstift und Kamera, um die besondere Atmosphäre einzufangen. Der Umzug nach Charlottenburg sollte ein endgültiger sein. Mit den Füßen voran verlässt der Zeichner 37 Jahre später die Wohnung in der Nähe des Lietzensees zum letzten Mal. Der Wechsel in den Berliner Westen, in die vierte Etage mit Blick über den Grunewald, unterstreicht den Status des »Aufsteigers« in der Berliner Gesellschaft. Der »schöpferisch gewordene Proletarier« (Behne, 1925) entwickelt sich in den folgenden Jahren zum anerkannten Künstler. Auch wenn ihn ein Leben lang Selbstzweifel plagen und Zille sich dem Milieu des Berliner Westens nie ganz zugehörig fühlt, erlangt er enorme Popularität und hohes Ansehen.

Mein Vater

Ein Handwerker in der Berliner Secession

In den Jahren zwischen 1900 und 1903 erlebt Heinrich Zille den künstlerischen Durchbruch. Seine Tätigkeit in der Photographischen Gesellschaft ermöglicht ihm nicht nur Zugang zu den modernen druckgraphischen Techniken, sondern er profitiert auch von den Geschäftskontakten der Firma. Er lernt Künstler kennen, die zu Weggefährten werden. August Kraus (1868–1934) und August Gaul (1869–1921) kreuzen vermutlich in den Jahren 1896/97 erstmals seinen Weg. Zu den beiden Bildhauern entsteht eine lebenslange Freundschaft. Mit Gaul und den Kindern spaziert Zille sonntags regelmäßig hinaus in die Natur, um Objekte für seine Insekten- und Schmetterlingssammlung zu fangen.

Heinrich Zille organisiert »Abendakte«, um sich gemeinsam mit anderen Künstlern im Abbilden von Körpern zu üben. Um Geld zu sparen, teilen sie sich mitunter die Kosten für die Modelle. Da die beteiligten Kollegen jedoch häufig ihren Obolus nicht entrichten, zeichnet Zille schließlich nur noch bei den Bildhauerfreunden. Mit August Kraus verbindet ihn eine amüsante Anekdote. Die Ironie der Kunst wollte es, dass Kraus, der um 1899 einen Auftrag für eine der Büsten der auch als »Puppenallee« belächelten Skulpturengruppe der Siegesallee bekam, ausgerechnet seinen Freund Zille als Modell für den Ritter und Junker Wedigo von Plotho auswählte. Da der Bildhauer über keine

Bildhauer Kraus an der Arbeit zum Wedigo, 1899

historische Vorlage für den wendischen Edlen verfügte,
orientierte er sich bei der Erschaffung des grimmigen
Raubrittergesichts mit der Kartoffelnase kurzerhand an
Zilles Physiognomie. Zille dokumentierte diesen Spaß
mit seiner Kamera und photographierte sich selbst

beim Modellstehen. Nachdem wenige Jahre nach der Fertigstellung bekannt geworden war, wer als Vorbild für die Büste gedient hatte, erhoben die Nachfahren Plothos entrüstet Protest und forderten die Entfernung des Denkmals. Als es nach 1945, als einzige Marmorfigur der Gruppe, gestohlen wurde, erledigte sich die Angelegenheit schließlich von selbst.

In der Photographischen Gesellschaft soll auch eine erste Kontaktaufnahme zu Max Liebermann (1847–1935) erfolgt sein. Der schlagfertige Zille ist in Künstlerkreisen beliebt und kommt mit vielen Künstlern in Berührung. Er ist ein geschätzter Teilnehmer an den vom Bildhauer Karl Begas (1845–1916) begründeten Kegelabenden. Diese geselligen Treffen finden bei guter Witterung im Gartenlokal in der Bismarckstraße statt, nicht weit von Zilles Wohnung zwischen Westend und Wilmersdorf entfernt. »Es ist ja 'ne spießige Sache. Aber es gab keine Gelegenheit für ältere Männer, sich mal auszuarbeiten. Und man wollte doch mal seine Kraft von sich geben. (…) Alles, was ein bißchen was in der Secession bedeutete, machte mit. Corinth und Wenck und Kalkreuth und Slevogt. Paul Cassirer fehlte auch nicht. Das war dann eine große Geselligkeit und gründliche Unterhaltung. Oft mußten die Kegler drei-, viermal gerufen werden, wenn sie ihre Kugel schieben sollten«, erzählte Zille dazu.

War die Person Heinrich Zille zunächst nur wenigen Eingeweihten bekannt, sollte sich die Popularität des Zeichners durch die Teilnahme an verschiedenen Ausstellungen der Berliner Secession, jener Künstlervereinigung, die sich infolge des Disputs zwischen Konvention und Fortschritt 1898 gründete, zügig steigern.

Gegen das eingestaubte, historisierende Kunstverständnis Kaiser Wilhelms II., der zwischen 1898 und 1901 an der Siegesallee 32 monumentale Skulpturengruppen mit Figuren aus der brandenburgisch-preußischen Geschichte aufstellen ließ, opponierten Naturalisten und Impressionisten mit ihren Darstellungen aus der Alltagswelt. Obwohl der Kaiser 1894 aus Protest gegen die erste öffentliche Aufführung von Gerhart Hauptmanns sozialkritischem Stück »Die Weber« seine Loge im Deutschen Theater kündigte und der »Rinnsteinkunst« den Kampf ansagte, ließ sich der Aufbruch zu einer neuen Kunstauffassung nicht mehr aufhalten. Am 2. Mai 1898 schlossen sich auf Anregung von Walter Leistikow (1865–1908) 65 bildende Künstler, unter ihnen Max Liebermann, Lovis Corinth, Lesser Ury, Max Slevogt (1868–1932), Käthe Kollwitz und Hans Baluschek, zur Berliner Secession zusammen. Den endgültigen Anstoß für die Abspaltung hatte die offizielle Ablehnung des großangelegten Landschaftsgemäldes »Grunewaldsee« von Walter Leistikow durch die Jury der Großen Berliner Kunstausstellung gegeben. Für Leistikow war die Zurückweisung seines Bildes der letzte Impuls, eine von Akademie und Obrigkeit unabhängige Vereinigung selbstbestimmter Künstlerinnen und Künstler zu gründen, die der staatlichen Kunstpolitik resolut entgegentreten sollte. Entscheidendes Kriterium für die Vertreter unterschiedlichster künstlerischer Ausdrucksweisen war, dass sie »die Gemeinsamkeit der Moderne stärker empfanden als stilistische Differenzen innerhalb der Bewegung«. (Schüte/Sprengel, 1987)

Es waren nicht nur künstlerische Richtungskämpfe, die zu einer Secession führten, wie sie im Übrigen be-

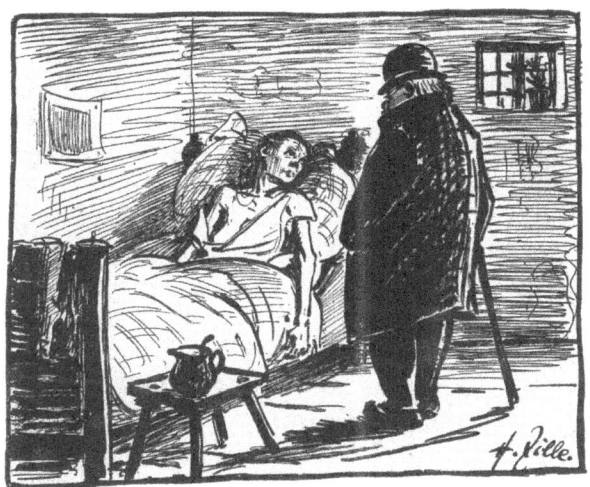

»Herr Doktor, Brot soll ich nicht essen!« – »Nein, liebe Frau.« – »Na, ich hab' auch kein Geld, mir welches zu kaufen!«

reits in Paris, Wien und München existierte, sondern vor allem der Protest gegen die unerträglichen Verhältnisse in den akademischen Jahresausstellungen: Die Bilder hingen kreuz und quer übereinander bis zur Decke, die Qualität war in der Masse kaum wahrzunehmen. Walter Leistikow trat als unermüdlicher Initiator und Organisator der Secession hervor, und Max Liebermann, in dessen Person sich Autorität und Popularität vereinten, übernahm das Amt des Präsidenten. Den Dramatiker Gerhart Hauptmann ernannte man zum Ehrenmitglied und setzte damit ein Zeichen. Seine Person wurde zur Symbolfigur der Secession, da die Durchsetzung des

Naturalismus in der Literatur seit Beginn der 1890er Jahre der Herausbildung einer künstlerischen Moderne in Deutschland entscheidende Impulse verlieh. Bereits ein Jahr nach ihrer Gründung präsentierte die selbstbestimmte Künstlervereinigung die Werke ihrer Mitglieder unabhängig vom offiziellen Kulturbetrieb. Diese erste Ausstellung wurde in einem von der Gruppe finanzierten und vom Architekten Hans Grisebach in kürzester Zeit errichteten Gebäude an der Ecke Kant- und Fasanenstraße, am Ort des heutigen Delphi-Kinos, gezeigt. Die Kunstpremiere am 20. Mai 1899 geriet zum rauschenden Erfolg! Ein Viertel der Bilder wurde direkt verkauft. Die Initiatoren sahen sich durch den Zuspruch des Berliner Kunstpublikums in ihrem Optimismus bestätigt. Der Kaiser reagierte angesichts des Triumphs empört. Es ärgerte ihn, dass diese Maler, die seinem Verständnis nach »zu viele arme Leute und Hinterhofelend« zeigten, eine derartige Zustimmung erfuhren. Exemplarisch äußerte er seine Meinung in einer berühmten Ansprache anlässlich der Einweihung der Berliner Siegesallee im Dezember 1901: »Wenn nun die Kunst, wie es jetzt geschieht, weiter nichts tut, als das Elend noch scheußlicher hinzustellen, wie es schon ist, dann versündigt sie sich damit am deutschen Volke. (…) Die Pflege der Ideale ist zugleich die größte Kulturarbeit, und wenn wir hierin den anderen Völkern ein Muster sein und bleiben wollen, dann muss das ganze deutsche Volk daran mitarbeiten, und soll die Kultur ihre Aufgabe voll erfüllen, dann muss sie bis in die untersten Schichten des Volkes hindurchgedrungen sein. Das kann sie nur, wenn die Kunst dazu die Hand bietet, wenn sie erhebt, statt dass sie in den Rinnstein niedersteigt.« Die Worte des Kaisers, die auf die Erziehung seiner Untertanen und gebührenden Respekt vor der vom Hofe geförderten Kunst abzielten, hatten nicht die erhoffte abschreckende Wirkung. Im Gegenteil, viele Berliner wurden neugierig und wollten das Unerhörte mit eigenen Augen sehen. Die zweite Ausstellung der Secession im Frühjahr 1900 übertraf den Erfolg der ersten. Das Interesse der Besucher riss in den nächsten Jahren nicht ab. Bald musste ein größeres Gebäude am Kurfürstendamm 208 gebaut werden; die alte Ausstellungsfläche reichte nicht mehr aus.

Protegiert von seinen Bildhauerfreunden August Kraus und August Gaul, aber auch von Max Liebermann, Walter Leistikow und Käthe Kollwitz, die nie Zweifel an ihrer Anerkennung Zilles als Kollegen und Künstler aufkommen lassen, verzeichnet der über Vierzigjährige einen ersten öffentlichen Auftritt anlässlich der »Vierten Kunstausstellung der Berliner Secession – Zeichnende Künste« 1901/02.

Der Experte für die abgründige Großstadt, der Zugang zu Bereichen des Lebens hat, die seinen akademisch gebildeten Kollegen aus bürgerlichen Kreisen verschlossen bleiben, ist mit zehn Arbeiten vertreten, sechs davon sind mit »Aus dem dunklen Berlin« betitelt. Das Schlagwort vom »dunklen Berlin«, das Zille erstmals für eine Radierung im Jahre 1898 verwendet und das von der neugegründeten Tageszeitung BERLINER MORGENPOST für eine Kolumne aufgegriffen wird, besitzt hohes emotionales Potential. Es verweist auf die geheimen und gefährlichen Schattenseiten der Stadtgesellschaft wie Kriminalität, Alkoholismus und Erotik. Die Thematik von Zilles Werken trifft den Puls

Badegespräche
»Sag et doch deine Mutter! Hast ja jar keene! Du bist ja der
Fehltritt deiner Tante!«

der Zeit, obwohl seine realistischen Blätter bei Teilen
der Presse auf herbe Ablehnung stoßen. Die einpräg-
same Darstellung »Der Frühlingsmaler« erntet viel
Aufsehen wegen des üppigen, verlebten Modells, aber
auch wohlwollende Anerkennung für den unterschwel-
ligen Humor. In der Heliogravüre taucht zum ersten
Mal ein Handlungsraum auf, der für Zilles Bilder cha-
rakteristisch werden sollte: die Wohnhöhle. Zille präsentiert eine armselige Dachkammer mit wenig Aus-
blick. Neben dem Maler an der Staffelei toben zwei
weinende Kinder umher, auf die das nackte Modell,
vermutlich die Mutter, ungeduldig einspricht. Als älterer Mann, anlässlich seines siebzigsten Geburtstags,
erinnert sich Zille an eine Reaktion auf seine erste Aus-
stellungsbeteiligung: »Als ich zum erstenmal auf Drän-

gen meiner Freunde meine Zeichnungen hingegeben hatte – Zeichnungen, die viel besser, wahrer waren als die, die ich später zum Broterwerb geleckter, frisierter bringen mußte, die das herbe Leben der Armen zeigten –, da standen vor den Bildern viele Menschen; und ich hörte, als ich mal lauschte, wie ein älterer Herr, wie es schien Militär in Zivil oder Hauptmann aus der Majorsecke, zu seiner Dame sagte ›Der Kerl nimmt einem ja die ganze Lebensfreude.‹ – Da schämte ich mich, so verstanden zu sein!«

In der sechsten Ausstellung der Berliner Secession im Jahr 1902 ist Heinrich Zille mit fünf Einzelblättern und mehreren Skizzen vertreten. Es ist die zweite Herbstausstellung, an der er teilnimmt. Im Anschluss folgt die offizielle Aufnahme als Mitglied in die Berliner Secession. Nicht ohne Stolz schreibt er an den in Rom weilenden Freund August Kraus: » Es wird Sie überraschen, daß jetzt Ihr Zille Secessionsmitglied ist, gewählt mit zwei Stimmen dagegen. Hatte freilich daran gedacht, mich aber nicht gemeldet (…). Cassirer sagte bei der Ausstellungseröffnung, daß meine Bilder stinken; na dann hab ich es erreicht; d.h. er meint es wohlwollend.« Fortan beteiligt sich Heinrich Zille jedes Jahr unter großer Beachtung von Besuchern und Presse an den Schauen der Künstlervereinigung. An Kritik muss er sich wohl oder übel gewöhnen, denn die abschätzigen Bemerkungen über den »Pinselheinrich« (Julius Elias) und seine »besenhaften Derbheiten« (Karl Scheffler) verstummen in den kommenden Jahren nicht. Der Kunstschriftsteller Paul Westheim bemerkt 1925 in einem Zeitungsartikel bissig, dass Zilles Zeichenweise unter Genussaspekten betrachtet ungefähr so ergiebig sei, als wolle man die

Kinder auf der Knobelsdorffbrücke, Blick Richtung Charlottenburg, 1898

Kurve einer Tuberkulosestatistik auf ihre ästhetische Qualität hin untersuchen.

Zu den farbigen Zeichnungen, die Zille zur Herbstausstellung 1902 einreicht, gehört das eindringliche

Blatt »Der späte Schlafbursche«. »Die Grundstimmung ist so trübe wie das Petroliumlicht, das von der Decke hängt. Sie ist überdies aggressiv, allein schon wegen der überquellenden Fülle reich geschilderter Details bis zu den herumliegenden Botten und dem Nachttopf.« (Flügge, 1997) Die Abbildung zeigt einen fensterlosen Raum, wieder ein Wohnloch, darin eine stillende Mutter, fünf Kinder in zwei Betten und eine nackte, sich waschende Heranwachsende. An der Tür steht ein unerwünschter, verwahrloster Tunichtgut mit offenem Hemd und offener Hose, dem zwei Schnapsflaschen um den Hals baumeln und für den kein Platz frei zu sein scheint. Heinrich Zille gewährt mit diesem sozialsatirischen Blatt einen gewitzten Einblick in ein spezifisches Phänomen europäischer Großstädte um die Jahrhundertwende. Bereits 1861 lebte ein Zehntel der Berliner Bevölkerung in Kellern. Die Wohnverhältnisse dort erinnern an diejenigen in heutigen fernen Slums. Durch die rapid fortschreitende Massenproletarisierung und den Mangel an bezahlbaren Wohnungen entstand die soziale Schicht der »Bettgeher« oder »Aftermieter«, wie man die ungeliebten Mitbewohner nannte, die sich keine eigene Wohnung leisten konnten und für eine im Stundentakt zu mietende Schlafstelle bezahlten. Die Vermieter, die häufig selbst am Rande der Verelendung lebten, verdienten sich auf diese Weise ein paar Groschen dazu. Der Preis war der Verlust von Intimsphäre, wie deutlich in Zilles Bild zu sehen ist, denn häufig wurde mit den Fremden das Schlafzimmer oder sogar das eigene Bett geteilt. Auf höchstens 25 Quadratmetern drängten sich nach Schilderungen von Zeitgenossen acht bis zwölf Personen, oft mehrerer

Parteien, nur durch einen Kreidestrich voneinander getrennt in einem feuchten oder verrußten Raum.

In Zilles damaligen Beiträgen zur Berliner Secession ist noch nichts vom späteren populären Witzblattzeichner, Karikaturisten oder Humoristen zu bemerken. Dem Ausstellungsbesucher schlägt eine gewöhnungsbedürftige, detailreiche Bildsprache entgegen, die ihn mit der Härte der sozialen Gegenwart konfrontiert. Mancher Besucher zeigt sich schockiert oder zumindest verstört. Max Liebermann hatte Zille gerade wegen dieser Schonungslosigkeit zur Teilnahme an den Ausstellungen der Gruppe aufgefordert. Er schätzte an ihm den wahrheitsliebenden Künstler, der präsentierte, was bisher als nicht darstellenswert galt.

Der triumphalen Eröffnungsfeier der Berliner Secession von 1899 sollten rasch Krisen folgen. 1902 traten 16 Mitglieder der ersten Stunde aus, nachdem bereits vorher einige zur Akademie der Künste zurückgekehrt waren. Unstimmigkeiten unter den Vorstandsmitgliedern verursachte der starke Einfluss des Kunsthändlers Paul Cassirer, der für eine überdurchschnittliche Präsenz französischer Kunst in den Ausstellungen sorgte. Der Tod Walter Leistikows 1908 leitete eine Zeit interner Spannungen und letztlich den Anfang vom Ende der Secession ein. Mit Leistikow verlor die Vereinigung den ruhenden Pol bzw. den Vermittler zwischen Liebermann und der jüngeren Generation. 1910 kam es zum offenen Konflikt zwischen den saturierten Vertretern der älteren Generation um Liebermann und Corinth und den Jungen, die den Kampf um die Erneuerung der Kunst suchten. Als die von Liebermann geführte Jury die Einsendungen von 27 jüngeren Vereinsmitgliedern zurückwies – unter ihnen Emil Nolde (1867–1956) und Max Pechstein (1881–1955) – griff Nolde Liebermann in der Zeitschrift KUNST UND KÜNSTLER mit beleidigenden Argumenten an. Der Streit eskalierte in einer Grundsatzdebatte, in deren Konsequenz Liebermann am 16. Januar 1911 seinen Rücktritt erklärte. Der Zerfall des Vereins und die Spaltung der Secession in neue Gruppierungen vollzogen sich anschließend in schnellen Schritten. Im März 1914 gründeten die Ausgetretenen – nicht nur Liebermann hatte seinen Abschied genommen, sondern die große Mehrheit der mitwirkenden Künstler – die Freie Secession. Deren Mitglieder hatten sich vorausschauend das Recht auf das Ausstellungsgebäude gesichert. Zum Vorstandsmitglied wählten die fünfzig Beteiligten den »Zeichner des Volkes« Heinrich Zille. Der etablierte Malerfürst Max Liebermann wurde Ehrenpräsident.

Die Harfenjule
»Einst spielt ich mit Szepter, mit Krone und Stern. –«

Als Freiberufler im Kunstbetrieb

Heinrich Zilles Arbeit, aufgewertet durch die naturalistische Kunstauffassung, stellt ein konsequentes Konzentrieren auf Missstände, Elend, Armut und Verkommenheit dar. Darin liegt eine gewollte Einseitigkeit. Zilles Protagonisten sind bedürftige Mütter, vernachlässigte Kinder, verwahrloste Huren, armselige Säufer und verkrachte Existenzen, denen man häufig ihr Elend äußerlich nicht ansieht. Auf den Blättern sind die Kinder und Frauen wohlgenährt, die Männer robust und kräftig. Das liegt auf der einen Seite an Zilles figurbetonendem Strich, andererseits an seinem Vertrauen in das Volk. Die zugespitzte Sicht Zilles resultiert aus seiner Überzeugung, dass eher die Wohn- als die Arbeitsverhältnisse für die Verelendung der Menschen verantwortlich sind. Angestellten und Fabrikarbeitern gilt das Interesse des Zeichners nicht. Es ist schwierig, als Maler zu einem privatwirtschaftlich organisierten Produktionsbereich Zugang zu erhalten und sich als künstlerischer Berichterstatter frei zu bewegen. Dennoch kann der Mangel an feinfühliger Darstellung der industriellen Produktion als eine weitere Gemeinsamkeit von Zilles Werk mit der naturalistischen Prosaliteratur der Zeit betrachtet werden. Von Seiten der Arbeiterbewegung hagelt es dafür massive Kritik: »Die geilen Halluzinationen, in denen die ›reine Volkspädagogik‹ der ›naturalistische Dichter‹ den Arbeiter stets nur im Bordell und in der Schnapskneipe sieht, werden deshalb noch nicht zur Wahrheit werden.« (Mehring, 1962)

Der Kulturhistoriker Hans Ostwald, der 1929 zusammen mit Heinrich Zille »Das Zille Buch« verfasst, schreibt über die Motive des Zeichners: »Det is Zille sein Milljöh! Der fünfte Stand. Menschen, die ihrem Geschick nicht entgehen können, die das Resultat der heutigen und früheren Gesellschaftsordnung sind. Bedauernswerte, in der ›Charité‹ oder im ›Fröbel‹ geboren, finden sie ihr Leben schon in harten Lettern vorgeschrieben. Zusammengepfercht in hohen Mietskasernen, mit schmalen ungelüfteten Treppen. Elende Zufluchtsorte in nassen Kellern und über stinkenden Ställen, ohne Luft und Sonne.« Heinrich Zille ist stolz, sich zu den »Rinnsteinkünstlern« zählen zu dürfen, zu denen nach Meinung des Kaisers auch eine so renommierte Persönlichkeit wie Max Liebermann gehört. Den Begriff von der »Rinnsteinkunst« schreibt der Zeichner 1902 sogar selbstbewusst auf eines seiner besten Bilder. »Das Verdikt Kaiser Wilhelms II., die Kunst solle gefälligst den Menschen zum Ideal erheben, anstatt in den Rinnstein hinabzusteigen, hat er ins Gegenteil verkehrt, indem er die Menschen, die gleichsam im Rinnstein lebten, in die Kunst erhob.« (Flügge, 1955)

Das Jahr 1907 wird ein schicksalhaftes: Heinrich Zille verliert unerwartet seine überdurchschnittlich gut bezahlte Arbeitsstelle bei der Photographischen Gesellschaft. Den Fünfzigjährigen trifft die Entlassung schwer. Er zeigt sich verbittert, empört und zutiefst bestürzt. »Zwei Tage lang lag ich dort auf der alten Pritsche und stierte die Stubendecke an. Was nun? Meine Frau wuß-

Mutter mit Kindern

te noch nach Tagen nichts von meiner Kündigung.«
Die Tochter Margarete sieht ihn das erste Mal in ihrem
Leben weinen. Das Einkommen des Angestellten fällt

von heute auf morgen weg. Die herausgehobene Position im reprographischen Gewerbe hatte ihm stets einen soliden, regelmäßigen Verdienst beschert. Der Autor Winfried Ranke recherchierte anhand von Notizen Zilles, dass dieser im Herbst 1882 ein Monatsgehalt von 120 Mark bezog, das 1886 auf 145 Mark anstieg und damit etwa um ein Drittel höher lag als vergleichbare Löhne bei Buchdruckern und Lithographen in Berlin. So darf man den gutausgebildeten und berufserfahrenen Zille zweifellos der privilegierten Schicht zurechnen. Er war aufgrund seiner hohen beruflichen Qualifikation längst in die »Arbeiteraristokratie« (Begriff: Friedrich Engels) aufgestiegen und hatte das Proletariat hinter sich gelassen. In einem Vorwort zu einem Buch beschreibt Zille die Umstände seiner Kündigung: »Das Los des älteren Arbeiters, Jüngere waren billiger – nebenbei war seine (Zilles) Linksrichtung, seit 1875 Sozi, störend. (...) So verließ ich die Stätte, wo ich für ein kärgliches Einkommen für Andere gearbeitet, wo ich noch nachts gedacht, gewacht, gesorgt habe, Versuche zum besseren Gelingen neuer technischer Verbesserungen mir Kraft und Ruhe raubten.« (zitiert nach Nagel, 1955)

Bis Zille begreift, dass er sich an der Schwelle zu einem völlig neuen Lebensabschnitt befindet, vergeht etwas Zeit. Zu sehr schmerzt die Schmach über den Rauswurf. Empört berichtet er später »von der Rücksichtslosigkeit, mit der ihn die Gesellschaft nach drei Jahrzehnten treuen Dienstes entlassen hat – ohne jede Anerkennung, ohne für sein Alter zu sorgen – nachdem sie seine besten Kräfte für sich in Anspruch genommen hat.« Er entrüstet sich über die Skrupellosigkeit der Firmeninhaber, die sich Villen bauten und große Geländeteile in Charlottenburg gewinnträchtig verkauften, ihre Angestellten dagegen trotz der versprochenen kleinen Eigenheime leer ausgehen ließen.

Rückblickend war die Kündigung wohl das Beste, was Zille passieren konnte: Sie führte ihn weg vom jahrelangen Alltagstrott hin zu einem selbstbestimmten Leben als freier Künstler. Längst scheint Zille reif für den Schritt in die Selbständigkeit, auch wenn Ängste und Selbstzweifel zunächst überwiegen. Sein Zeichenstil ist durch das jahrelange nebenberufliche Praktizieren gefestigt. Der geschwungene, Körperlichkeit suggerierende Strich hat sich durch unermüdlichen Fleiß und hartes Training zu einem unverwechselbaren Erkennungsmerkmal entwickelt. Zille ist fortan genötigt, sein Leben selbst in die Hand zu nehmen und sich auf dem prosperierenden, gleichwohl hart umkämpften Markt der freiberuflichen Illustratoren zu behaupten. Er hat in diesem Stadium seines Lebens schon über hundert Veröffentlichungen in mindestens sieben Zeitschriften – unter ihnen den führenden der Zeit – vorzuweisen. Seine unermüdlichen Streifzüge durch die Stadt haben ihm ein umfangreiches Reservoir an Skizzen, Studien und Notizen beschert. Dazu gehören auch riesige Mengen von Photographien, die er ab 1882 auf seinen Beobachtungstouren aufgenommen hat.

Zilles Künstlerfreunde feiern die Entlassung als freudige Nachricht. Der Neuanfang erscheint sowohl in persönlicher als auch in künstlerischer Hinsicht als der richtige Schritt in die Zukunft. »Gaul, Klimsch, Theodor Heine und ich freuten uns, den Künstler Heinrich Zille frei vom Joch der Ausbeutung zu wissen, das ihn

Die lieben Nachbarn

von seinem eigentlichen Schaffen nur fernhielt«, kommentiert August Kraus die Situation (Flügge, 1955). Das anfängliche Verlustgefühl, ausgelöst durch den Wegfall des regelmäßigen Einkommens, findet durch das Erscheinen eines ersten Buches wenige Monate nach der

Entlassung Linderung und weicht zunehmend einem Selbstvertrauen. Der Titel »Kinder der Straße« lehnt sich an einen seinerzeit bekannten Roman von Paul Heyse, »Kinder der Welt«, an. »Kinder der Straße« erscheint bis heute immer wieder in Neuauflagen. Es gilt als Heinrich Zilles erfolgreichstes Buch, wenn auch das anstößige Titelbild einer Prostituierten mit geballter Faust, die von zwei Polizisten gepackt wird, nach der Erstausgabe gegen ein gemäßigtes Blatt ausgewechselt werden musste. (Heute prangt es wieder auf dem Titel!) Hans Ostwald, der das Vorwort zur ersten Auflage schreibt, schildert Zille als Künstler mit sozialer Verantwortung: »Er ist keiner, der bloß das Gelächter erregen, der bloß kitzeln will. Seine Blätter sind nicht von der Art, daß sie in gewissen Organen Furore machen könnten (…). Sie verlangen alle ein ernstes Nachdenken. Sie fordern auf zur tätigen Mithilfe, um aus unserer Welt eine bessere Welt zu machen, als sie jetzt ist.«

Eine wichtige, wenn auch unregelmäßige finanzielle Quelle erschließt sich Zille künftig aus Beiträgen in verschiedenen illustrierten Zeitschriften, die in den Jahren um 1900 wie Pilze aus dem Boden schießen. Die Weiterentwicklung des modernen Buchdrucks löst die alte Holzstichtechnik ab, um die ständig wachsende Nachfrage nach visueller Information zu befriedigen. Bereits seit 1903 liefert Heinrich Zille immer wieder satirische Zeichnungen an die Zeitschrift SIMPLICISSIMUS, die er sehr schätzt. Ob er sich bei der beliebten Wochenzeitschrift bewarb oder deren Herausgeber Thomas Theodor Heine ihn zur Mitarbeit aufforderte, nachdem er in Berlin Zille'sche Arbeiten zu Gesicht bekommen hatte, ist nicht bekannt. Jedenfalls bittet Heine ihn, von Zeit zu

Zeit etwas einzusenden, obwohl die Zeitschrift, die von 1896 bis zum Ersten Weltkrieg als Stachel im Fleisch des kaiserlichen Deutschlands gilt, durch feste Mitarbeiter gut versorgt ist. Weitere Zeichnungen kann Zille in Blättern mit literarisch-künstlerischem Anspruch wie der JUGEND und einem Nachzügler in diesem Metier namens DER LIEBE AUGUSTIN, einer kurzlebigen Zeitschrift aus Wien, unterbringen. Diese möchte dem populären SIMPLICISSIMUS Konkurrenz machen, muss aber schon nach einem knappen Jahr die Segel streichen und verschwindet wieder vom Zeitschriftenmarkt. 1905 bringt die JUGEND, die einer Kunstepoche ihren Namen geben sollte, in der dritten Ausgabe des Jahrgangs eine erste farbige Zeichnung Zilles. Die harmlose Darstellung zweier ärmlicher, frierender Kinder mit dem Titel »Berliner Weihnachtsmarkt« führt zu einer regelmäßigen Mitarbeit inmitten berühmter Zeichner und Autoren der Zeit, unter anderem Hermann Hesse, Ludwig von Hofmann und Hans Thomas. Dass mit dem Abdruck von Zeichnungen Zilles das Elendsmilieu in die Hefte einzieht, kann man nicht behaupten. Die anspruchsvolle Redaktion achtet auf ihren Seiten sehr auf künstlerische Ausgewogenheit. Provokation duldet sie nicht.

Zille fällt es schwer, das Elend mit Humor vorzuführen. In Abhängigkeit vom Wohlwollen der Zeitschriftenredaktionen bleibt ihm jedoch nichts anderes übrig, als Kompromisse einzugehen. Er muss sich gelegentlich überwinden, um die Vorstellungen der kleinbürgerlichen Klientel zu bedienen. Fehlgriffe wie platte, manchmal peinliche Witze bleiben da nicht aus. Da Zille jedoch den Lebensunterhalt der Familie finanzieren muss, macht er so manches Mal Abstriche beim Niveau der Verlage und arbeitet nicht nur für kultivierte Zeitschriften, sondern auch für seichte, populäre illustrierte Blätter wie den Ulk, die satirische Wochenbeilage zum Berliner Tageblatt, und die Berliner Illustrirte Zeitung. Eine besonders enge Beziehung entsteht zu der humoristischen Zeitschrift Lustige Blätter. Hier findet Zille so etwas wie eine publizistische Heimat. Eher auf leichte Unterhaltung als auf künstlerisch oder politisch anspruchsvolle Themen ausgerichtet, sind bei der auflagenstarken Zeitschrift ausschließlich Arbeiten erwünscht, welche die Leserschaft nicht durch allzu große Drastik verstören oder verstimmen. Deshalb macht die Redaktion strenge Vorgaben: Gefragt sind zwar Zeichnungen aus dem Milieu, und es darf schon etwas »Dunkles« sein, wichtiger jedoch sind der Witz des Bildes und die humoreske Aussage der begleitenden Unterschrift. Die Verantwortlichen erlauben Zille zwar – in begrenztem Rahmen – als Hauszeichner gewisse Freiheiten, er soll dennoch nicht über die Stränge schlagen. Man setzt auf die garantierte Wirkung seiner Zeichnungen. Die Leserschaft des »schönsten bunten Witzblatts Deutschlands« (Eigenwerbung) weiß genau, was sie von Zille erwarten darf: »Witzige Bilder mit gemäßigtem Sarkasmus, ein Repertoire an Typen und Situationen, ein bisschen Frechheit, einen Schuss Erotik, eine detailgenaue, erzählerische Bildsprache und jene angeblich mit Berlin verbundene Rotzigkeit, die aus dem Milieu erst das ›Milljöh‹ werden lässt.« (Flügge, 1955)

Zilles zahlreiche Beiträge in den verschiedenen Zeitschriften machen ihn allmählich in allen Schichten der Berliner Bevölkerung bekannt. Als humoristischer und detailgenauer Chronist der Hauptstadt wird er sich in den kommenden Jahrzehnten eine ähnlich massenpopulistische Position erarbeiten wie Honoré Daumier (1808–1879) in Paris. In den meisten Fällen hatte Zille zwar bereits in den Jahren vor seiner Entlassung nebenberuflich für die Zeitschriften gearbeitet, nun erfreut er sich aber zunehmender Anfragen und Aufträge. So drängt sich die Frage auf, ob er nicht bewusst oder wenigstens unterschwellig seinen Sprung auf den freien Markt vorbereitet und an dem Ast, auf dem er saß, selbst gesägt hatte. Für den neuen Lebensabschnitt als selbständiger Künstler scheint er jedenfalls bestens gerüstet.

Das Jahr 1908, das Zilles Start in die Freiberuflichkeit markiert, ist für ihn von großer Bedeutsamkeit. Die unerwartete Resonanz auf die erste geschlossene Publikation »Kinder der Straße« gibt dem Zeichner Auftrieb. Der Zille-Fachmann Matthias Flügge sieht das Erscheinen des Buches als »Kristallisationskern« in Zilles Werk. Der Philologe Hans Ostwald, der das Vorwort zu »Kinder der Straße« verfasst, hebt explizit Zilles sozialen Anspruch hervor, bescheinigt ihm aber gleichzeitig »künstlerischen und menschlichen Ernst«, eine »tragikomische Linie« und einen »scharfen, treffenden Witz«.

Allerdings teilen nicht alle Rezensenten diese Meinung. Die deutschnationale Wochenzeitung STANDARTE schreibt: »Aber gegen diesen Schmutz, der wirklich Schmutz ist, gibt es keine Mittel. (…) so sind wir schutzlos (…). Und müssen dulden, daß die Franzosen, auf deren Boulevards das Blatt zu haben ist, zu der Meinung kommen, das vielgerühmte Berlin sei eine Kloake

Hirtenstraße 9, davor Umzug auf Karren, 1901

und seine Bewohner eine Horde vertierter Kanniba-
len.« Der im Eysler Verlag veröffentlichte Band enthält
eine Fülle von Zeichnungen sowie Reproduktionen
von Lithographien der vergangenen Jahre und bietet
einen ersten Querschnitt durch Zilles bisheriges Werk.
Er zeigt ungeschönte, erschütternde Szenen aus dem
wahren Leben. Viele der »100 Berliner Bilder« waren
vor ihrem Erscheinen in Buchform bereits im ULK, im
SIMPLICISSIMUS, in den LUSTIGEN BLÄTTERN und in der
BERLINER ILLUSTRIRTEN ZEITUNG abgedruckt worden.
Eine Fassung der Zeichnung »Ins Wasser« von 1904,
die eine schwangere Mutter mit Kind auf dem Arm
abbildet, die Richtung Kanal läuft, und die Darstellung
eines an Tuberkulose erkrankten Mädchens in winter-

licher Umgebung mit dem Ausspruch »Wenn ick will, kann ick Blut in den Schnee spucken« stehen exemplarisch für Zilles Schaffen. Immer wieder finden sich darin die Suizidthematik, Anspielungen auf sexuellen Missbrauch und die Not vernachlässigter Kinder. Niemand bringt diese Themen so nüchtern sachlich und aus einer gewissen Distanz zu Papier wie Heinrich Zille. Seine Vorlagen schöpft er aus den eigenen Kindheitserinnerungen und seinen Streifzügen durch die Stadt. Nichts scheint ihm fremd, nichts schreckt ihn ab. Verwunderlich ist dies nicht, begegnet ihm doch die menschliche Verwahrlosung, verbunden mit steigender Kriminalität infolge der Verstädterung und des zunehmenden Bevölkerungswachstums, in seinem alltäglichen Umfeld als Normalität. Dieser Blick in die Abgründe der Gesellschaft bildet die Grundlage von Zilles künstlerischem Gesamtwerk.

Häufig kommen Heinrich Zille, wenn er mit offenen Augen und Ohren durch das alte Berlin läuft, die Gesichter der Mütter seltsam bekannt vor: »Er zeichnet schon die zweite Generation, indes die erste – heut ausgewachsene Exemplare, deren großer Teil schon ihr ›Moabit‹ oder ›Plötzensee‹ hinter sich hat – bereits vor dreißig, vierzig Jahren von der gleichen Straße her in sein Skizzenbuch gewandert ist.« (Danke, 1928) Zille, der seine Inspiration aus den menschlichen Niederungen bezieht, kennt keine Hemmschwellen, in die Sphäre seiner Gestalten hinabzusteigen. Ohne Berührungsängste streift der hellwache Chronist durch Mietskasernen, nasse Kellerwohnungen und dunkle Hinterhöfe. Der Kunstschriftsteller Paul Westheim nennt Zille mehrdeutig einen »Naturforscher«. Der Zeichner geht nicht nur am Wochenende gerne mit seinem Freund August Gaul auf Schmetterlingsjagd ins Grüne, sondern auch abends und nachts auf Expedition ins dunkle Milieu. In den Kabaretts der Stadt, dem Tingeltangel, in den Berliner Kneipen und Kaschemmen sitzt er mit den Menschen, die auf seinen Zeichnungen zu sehen sind, bei einem Bier am Tisch und beobachtet ihre Gewohnheiten. Weil er als dazugehörig angesehen wird, besitzen seine Bilder eine überzeugende Authentizität.

Der Zeichner Heinrich Zille ist unglaublich beliebt bei den Menschen. Seine großzügige Angewohnheit, Bilder an Kneipen zu verschenken, ist dieser Popularität sicher zuträglich. »Jede Kneipe, jede Destille kennt den guten Vater Zille« wird zu einem geflügelten Spruch in den Proletarierviertln der Stadt. Zilles Talent imponiert so manchem Kneipenbesitzer und Bouillonkeller-Betreiber. (Der Bouillonkeller, eine kurzlebige kuriose Gaststättenform, deren Wirte nur Flaschenbier, Kaffee und Bouillon ausschenken durften, fungierte als eine Art Ersatzlokal für teure Kaffeehäuser.) So bleibt es nicht aus, dass Zille Angebote erhält, Wandbilder in Kneipen auszuführen. 1910 gestaltet er für den Stallmann'schen Künstlerkeller in der Jägerstraße zwei große Wandmalereien: »Im Freibad Wannsee« und »Sonntag im Grunewald«. Beide Bilder sollten dem Zweiten Weltkrieg zum Opfer fallen und sind nur noch von Photoaufnahmen bekannt. Eine andere Arbeit, vermutlich 1913 für eine Weißbierstube in Charlottenburg gemalt, blieb erhalten. Das großformatige, detailreiche Ölbild mit dem Titel »Ausflug des Sparvereins Hoffnung nach Stralau« befindet sich heute im Stadtmuseum Berlin.

Drei Männer auf dem Heimweg, Lattenzaun in der Sophie-Charlotten-Straße, im Hintergrund die Knobelsdorffstraße, 1898

Dass der »Sumpfhauch der Zersetzung« in Zilles Werke eindringt, bleibt durch dessen Eintauchen in die Abgründe der Gesellschaft nicht aus. Heinrich Zille nimmt den Betrachter im wahrsten Sinne des Wortes mit auf den Strich oder in die Kaschemme. Sein sarkastischer Witz kommt beim Publikum allerdings nicht immer gut an. Zu »Arzt mit Nutte« schreibt er beispielsweise als Kommentar: »Ich muß in die Bars und uff die Dielen so lausig ville saufen, horchen Se doch mal, Herr Doctor, uff die Lunge, Herz und Nieren – weiter nischt – det andere wird ja schon von Kleen an uff'n Alexanderplatz nachjeschnökert – wollte Jott, se täten mal an die edlen Orjane denken!« Mit journalistischem Spürsinn und sensibler Beobachtungsgabe entwickelt sich der Zeichner zum Experten menschlicher Tragik und sozialer Not. »Wieviele traf ich, die ihr Fläschchen Cyankali bei sich in der Tasche haben, um nachzuhelfen, wenn't mal janich mehr jehen will. Und wie oft hab ick abschrecken müssen: Laß mal den Unfug, det Zeuch toocht ooch nischt mehr. – Ne, ick möchte det alles nich noch mal mitmachen müssen – et trägt sich verdammt nich leicht.« Trotz solcher Erfahrungen bleiben die düsteren, dramatischen Darstellungen von Suizid, Mord und Vergewaltigung im Schaffen Zilles in der Minderzahl. Auf Dauer finden die grausam ätzenden, mit verschiedenen Bedeutungebenen ausgestatteten Blätter zu wenig Abnehmer in der publizistischen Landschaft der Zeit. Auf die ständige Präsenz des Elends kann man gut und gerne verzichten. Nur in schmalen Dosen möchte man sein Gewissen aufgerüttelt sehen. Auch viele aufgeklärte, kritisch gesinnte Künstler und Intellektuelle der Jahrhundertwende lehnen Zilles Stil ab. Eine gewisse Anpassung bleibt dem »Zeichner des Volkes« nicht erspart, will er sich erfolgreich als Freiberufler verkaufen und seine Familie finanziell unterhalten. Und so entsteht ein breitgefächertes Potpourri von traumatischen Elendsdarstellungen über satirische Kneipenimpressionen bis hin zu idyllischen Freibadszenen – das Themenspektrum eines Mannes mit dem Herz für die kleinen Leute. »Ein buntes Kaleidoskop von Menschen, Zuständen, von Irrungen und Wirrungen: das ist Zilles Milljöh. Mit einer bewundernswerten Universalität hat er es ›ins Auge geklemmt‹ und wiedergegeben.« (Ostwald, 1929)

Insgesamt hegt Zille gerade für die unterprivilegierten Randexistenzen der Gesellschaft, die Landstreicher, Säufer, Drehorgelspieler und sogenannten Krüppel, besonderes Interesse. Den wehrlosen, abhängigen Frauen und Kindern gilt sein Mitgefühl. Mütter mit Nachwuchs, Schwangere, ältliche Prostituierte und frühreife Mädchen stehen immer wieder im Mittelpunkt seiner Arbeit. Es handelt sich ausschließlich um »Damen der Unterwelt«, denn Frauen der Hautevolee reizen den Zeichner nicht. An den Schicksalen der »armen Mädchen« Anteil nehmend, beginnt Zille bereits in den 1890er Jahren vermehrt, deren Probleme in den Vordergrund seiner Darstellungen zu rücken und ihnen so eine Stimme zu verleihen. Das Aquarell einer Selbstmörderin, die von einer Brücke in die Spree springen will und an diesem Vorhaben nur mühsam von Passanten gehindert werden kann, ist ein Beispiel für Zilles schonungslosen analytischen Blick. Mit dem Motiv des Selbstmords, das Zille hier aufgreift und in mehreren Versionen banal mit »Das Leben satt« (1899) betitelt, steht der Zeichner nicht alleine da. Es ist längst zu einem gängigen Thema sozialkritischer Kunst geworden. Darstellungen von Max Klinger und Käthe Kollwitz belegen diese Tendenz, ebenso ein Bild Hans

Ball in der Kaschemme
»– Immer an de Wand lang, immer an de Wand lang! –«

Baluscheks vom Freitod einer Frau auf einem Bahn-
gelände. Väter bzw. Männer spielen in diesen Abbildungen kaum eine Rolle, erscheinen überflüssig oder
höchstens als Randfigur.

Heinrich Zille bemüht sich stets, die Würde der

Abgebildeten nicht zu verletzten und dabei gleichzeitig die Ernsthaftigkeit mancher Darstellung nicht zu übertreiben. Vermutlich spielen deshalb die Kindergestalten eine wesentliche Rolle in seinen Bildern. Ihnen gehört Zilles ausdrückliche Sympathie und Anteilnahme. Sie lockern die abgebildete Situation durch das Kindchenschema des Zeichners auf. Ähnlich wie bei Charles Dickens in der Literatur, helfen die Kinder, durch die »Fettschicht des Herzens« durchzudringen, und nehmen mancher dramatischen Situation den bitteren Ernst. Kaum eine Illustration kommt bei Zille ohne Kind aus, selbst wenn es nur der Staffage dient. Die dreckigen, krummbeinigen, aber unschuldigen und Optimismus ausstrahlenden Gören entschärfen das Tragische der Umstände und lenken es ins Humoristische. Zille besitzt einen reichen Fundus an Kinderskizzen in seinen zahlreichen Mappen: spielende, rennende, springende Kinder in allen Lebenslagen. Immer wieder hat er die »Rangen« festgehalten und dank der Studien vor Augen, wenn er sie in zeichnerische Kompositionen einbauen will.

Der »Naturbetrachter« als Photograph

Mehr als überrascht waren Heinrich Zilles Erben, als sie im Herbst 1966 in dessen Charlottenburger Wohnung Kisten mit über dreihundert Glasnegativen und Photographien entdeckten. 37 Jahre nach Zilles Ableben und knapp sechzig Jahre nach seiner letzten Photoaufnahme stieß man in der Sophie-Charlotten-Straße 88 auf diesen »sensationellen Fund«, wie manche Berliner Zeitungen schrieben. Nach dem Tode Heinrich Zilles wohnte dessen Sohn Walter jahrzehntelang in der Wohnung. Man muss ihm fast dankbar sein, dass er den Photographien und Glasplatten wenig Beachtung schenkte und das umfangreiche Konvolut erst einmal in der Versenkung verschwand. Vermutlich hätte die Aufnahmen sonst ein ähnliches Schicksal ereilt wie jene Bildwerke, die Walter im Zweiten Weltkrieg beim Bruder Hans in Pommern auslagerte. Diese fielen den Wirren des Krieges zum Opfer und gingen verloren.

Eine erste oberflächliche Berichterstattung über die unerwartete Entdeckung der Photoaufnahmen erfolgte 1967 durch den späteren Theaterkritiker Friedrich Luft. 1975 publizierte der junge Kunsthistoriker Winfried Ranke, der die Bilder erstmals sortierte und katalogisierte, eine fundierte Dokumentation. Dem Kunsthistoriker Janos Frecot, der von 1978 bis 2002 als Leiter der Photographischen Sammlung der Berlinischen Galerie tätig war, ist es schließlich aufgrund seiner wissenschaftlichen Arbeit zu verdanken, dass die Photographien Heinrich Zilles in die Wahrnehmung der Öffentlichkeit zurückgekehrt sind. Heute nehmen sie den ihnen gebührenden Stellenwert im Werk des Künstlers ein. Dass die photographischen Arbeiten Heinrich Zilles bis 1966 gänzlich dem kollektiven Gedächtnis entzogen waren, kann man allerdings nicht behaupten. Schon der Autor Rudolf Danke berichtete 1928 in seinem anekdotenhaften Buch »Heinrich Zille erzählt … Gespräche und Erlebnisse mit dem Meister« von einer Schublade mit Photographien und von Aufnahmen von Künstlerfesten. Auch der frühe Biograph Hans Ostwald schrieb 1929 von einem »kleinen Schrank mit den Andenken und den Photos von lieben Freuden.«

Dem vielseitig begabten Heinrich Zille wird attestiert, »ein versierter Praktiker zwischen Amateur und Berufsphotographie, ein photographierender Künstler« gewesen zu sein (Kaufhold, 1998). Auf das Jahr 1882, aus dem eine erste Aufnahme nachgewiesen ist, darf man wohl den Beginn seines photographischen Interesses datieren. Während eines Urlaubs von seinem Militärdienst in Frankfurt an der Oder macht er in den Räumen seines Arbeitgebers, der Photographischen Gesellschaft, Bilder von sich selbst. Die Apparate und das technische Zubehör befinden sich auf dem neuesten Stand. Da Zille über die nötigen Kenntnisse und Erfahrungen in der photographischen Labor- und Reproduktionstechnik verfügt, bedarf es vermutlich nur noch eines kleinen Schritts, die selten gebrauchten und nutzerunfreundlichen großformatigen Kameras selbst einmal auszuprobieren oder eine der praktischen

Frau mit ihrem Kind im Arm, 1900

Handkameras mit Plattenwechselmagazin, die in den späten 1880er Jahren ihren Siegeszug antraten, für den Privatgebrauch auszuleihen. Die Photographien gleichen einer Selbstinszenierung: Stolz und selbstbewusst blickt der junge Mann, Zigarette rauchend und in adretter Uniform, in die Ferne.

Zunächst entwickeln sich Zilles photographische Ambitionen zaghaft und im Verborgenen. Familienbilder entstehen – Dokumente einer bürgerlichen Existenz. Einen ersten Höhepunkt erreichen die photographischen Bemühungen mit einer Serie von privaten Photos, die Zille anlässlich eines Besuchs bei seinen Eltern in Rummelsburg im September 1887 aufnimmt. »Wie er seinen Vater und seine Mutter in ihrer verschlossenen Art auf der Gartenbank von ihrem Haus sitzend ins Bild rückt, mit ihren gealterten Physiognomien, ihren gebeugten Körpern und ihren abgearbeiteten Händen, das nimmt eine Bildqualität vorweg, wie sie erst später bei Künstlern wie Otto Dix wieder anzutreffen ist.« (Kaufhold, 1998) Auch seine Ehefrau Hulda und die Tochter Margarete setzt der Photograph in dieser Familienserie geschmackvoll in Szene: Sie blicken versonnen durch das Fenster einer Gartenlaube in die Ferne. Winfried Ranke stellte fest, dass Zille sich in der Anwendung verschiedener Gattungen der Photographie unterschiedlich und widersprüchlich verhielt. Konventionell und befangen fiel die Darstellung aus, wenn es um private Erinnerungsphotos und Familienbilder ging, technisch sowie gestalterisch versiert und fortschrittlich, wenn es sich um die Dokumentation arbeitender Frauen oder die Elendsatmosphäre in den Berliner Wohnquartieren handelte. »Mit diesen Feststellungen sind Indizien dafür gewonnen, daß der Photograph Zille zu verschiedenen Wirklichkeitsbereichen aus unterschiedlicher Weise Stellung bezog«, bemerkte Ranke (Ranke, 1975).

Spätestens um 1890 muss Zille angefangen haben, seine Kamera auf Gegenstände außerhalb seines privaten Lebensbereiches zu richten. Das entspricht in etwa dem Zeitpunkt, an dem er sich mit der Stadt und ihren harten Lebensbedingungen zu beschäftigen beginnt. Aus drei Aufnahmen von Hausdurchgängen im Krögel, jenem düsteren, verwinkelten Gebiet voller Werkstätten, Wohnungen und Wagenschuppen zwischen Molkenmarkt und Spree, wählt er 1891 eine durchs Gegenlicht besonders kontrastreich beleuchtete

Kegeljungen, um 1900

Treppenhausansicht aus, um sie als Vorlage für eine Zeichnung zu verwenden. Fortan benutzt er die Kamera als Erinnerungsstütze für seine graphische Arbeit und bemerkt, wie hilfreich photographische Aufnahmen sein können. Künftig möchte er dieses Hilfsmittel nicht mehr missen und führt seine Angewohnheit auch noch nach 1900 fort, als er sich längst als routinierter Zeichner mit dem vielgerühmten schnellen Strich einen Namen gemacht hat. Heinrich Zille photographiert, wie andere sich Notizen machen. Dass er sich der Photos wie eines Skizzenblocks bedient, belegen die Figuren in seinen Zeichnungen und Graphiken, die auf den photographischen Aufzeichnungen wiederzuerkennen sind. Im Jahr 1898 setzt Zille im Vorgriff auf eine Arbeit eine Korbträgerin an einer Wohnungstür in Szene. Es ist vermutlich das einzige Mal, dass er die Vorlage für eine Zeichnung bewusst arrangiert.

Zilles photographischen Eifer auf eine instrumentale Funktion zu reduzieren wäre jedoch nicht gerechtfertigt. Dafür beherrschte der Künstler das Medium viel zu gut und überzeugend. Er sieht die Photographie als »Erweiterung seiner Wahrnehmungsmöglichkeiten« an und lichtet nicht ab, um inszenierte Aufnahmen zu erhalten oder das »Bildschöne« festzuhalten, sondern um das Alltägliche, um den »Normalzustand städtischen Daseins« zu dokumentieren (Ranke, 1975). Es sind die unspektakulären Szenen, die seine Neugierde wecken, nicht die außergewöhnlichen. Viele Aufnahmen wirken wie spontane Schnappschüsse und setzen sich damit deutlich von den damals üblichen Kunstphotographien ab. Zille bemüht sich, die Dinge nicht zu verfremden, sondern sie festzuhalten, wie sie sind. Er schreckt dabei nicht vor Gebrauchsgegenständen und banalen Schauplätzen zurück, wie Bilder von Gerümpel, Wäscheleinen und Müllhalden belegen. Damit nimmt er eine Richtung der Photographie vorweg, die mit ihrem ungewohnten Blick auf vertraute Gegenstände später mit dem Schlagwort der »subjektiven Photographie« versehen wird.

Heinrich Zilles Aufmerksamkeit gilt den Menschen in Bewegung. In diesem Sinne betreibt er seine Naturstudien direkt vor der Haustür. Im Groben lassen sich folgende Themen lokalisieren: Der private Bereich aus Familie, Künstlerkollegen und Atelierszenen, Berliner Hinterhöfe und der Krögel, Straßenszenen und Spielplätze, Kinder und Reisigsammlerinnen sowie Markttreiben, Rummelplatz- und Freibadszenen. Das Spektrum dieser ungewohnten Motive reißt Zille zum ersten Mal im Jahr 1897 an. Bei den Reisigsammlerinnen, von denen zwei Bilderserien entstehen, probiert er seine photographischen Fähigkeiten eingehend aus. Die Vorlage dazu findet Zille auf dem Brachland vor seiner Wohnung, am Rande des Grunewalds. Das Sujet ist wirklichkeitsnah und steht im kunsthistorischen Kontext der Schule von Barbizon und der Werke Max Liebermanns. Zille muss das Motiv der mit Kinderwagen ausgestatteten und mit Kiepen oder Säcken beladenen, Bruchholz sammelnden Frauen zunächst »als Bewegungsstudien lastgebeugter Körper und der Anstrengungen, beladene Wagen durch den Sandboden zu ziehen, verstanden haben. Bald bekommt er aber einen persönlichen Bezug zu ihnen und beginnt sich für das Miteinander der Frauen und ihr Selbstbewusstsein zu interessieren.« (Flügge, 1955) Es scheint zwischen dem Zeichner und den Frauen keine Distanz zu geben. Weder Skepsis noch Zurückhaltung lassen die weiblichen Gesichter auf den Photographien erkennen.

Im Sommer 1898 photographiert Zille eine Reihe von Marktszenen. Auf dem in der Nähe seiner Wohnung gelegenen Friedrich-Karl-Platz gelingen ihm lebendige Bewegungsaufnahmen von Köchinnen, Dienstmädchen und Bürgersfrauen in ihrem natürlichen Umfeld. Das Markttreiben nimmt der Künstler aus dem Verborgenen auf, wie die Rückenansichten vor Augen führen. Zille schlendert mit Hut und Mantel bekleidet über den Platz, um in einer Art »teilnehmenden Anwesenheit« (Flügge, 1955) mit seiner Kamera die Frauen des Viertels abzulichten, nicht aber, um eine Bildergeschichte

Straßenbauarbeiten in der Dircksenstraße

vom arbeitsreichen Alltag einer einzelnen Person zu
erzählen. Die ungewöhnliche Perspektive der Rückenansichten von unbekannten Frauen entsteht aus Zilles
Abneigung gegenüber gestellten, wirklichkeitsfremden
Photo-Posen. Sie ist typisch für ihn und auch bei den

Aufnahmen der Reisigsammlerinnen zu finden, von denen der Autor Lothar Fischer behauptet, dass sie stellvertretend »für das Los der Frau« stünden. Das reflexartige Bedürfnis der Menschen, sich in Szene zu setzen, wenn sie – was damals selten genug vorkommt – abgelichtet werden, umgeht Zille geschickt, indem er, ohne bemerkt zu werden, von hinten photographiert. »Das Moderne, fortschrittlich mediengerechte an Zilles Photographie ist gerade, daß er das Fragmentarische, im Moment der Aufnahme aus dem Wirklichkeitszusammenhang Herausgebrochene an der Photographie selber festzumachen sucht. Er erreicht das dadurch, daß er Serien aufnimmt und so die einzelne Aufnahme immer nur eine Ansicht unter anderen abbilden läßt«, schreibt Ranke. Als Photograph ist Heinrich Zille, gemessen an seiner Zeit, technisch und handwerklich fortschrittlich, wenn er arbeitende Frauen oder den Verfall der Wohnquartiere konsequent und unabhängig von einem Auftraggeber festhält. Was er ablichtet, geht später als »Sozialphotographie des Alltagslebens« bzw. »sozialdokumentarische Photographie« in die Geschichte der Photographie ein.

Zilles Aufnahmen zählen zur photographischen Moderne. Vereinzelt finden sich sogar Aktbilder unter den wiederentdeckten Photographien von 1966. Das bedeutet, dass Zille sich um 1900, in einer von Prüderie, Verklemmtheit und Körperfeindlichkeit gekennzeichneten Ära, über die Konventionen hinwegsetzt und mit den freizügigen Bildern dazu beiträgt, die Epoche der modernen Kunst einzuläuten. Zilles Photographien sind mit ihrer ungewohnten Sicht auf die damaligen Lebensbedingungen ihrer Zeit weit voraus. Als wahrer

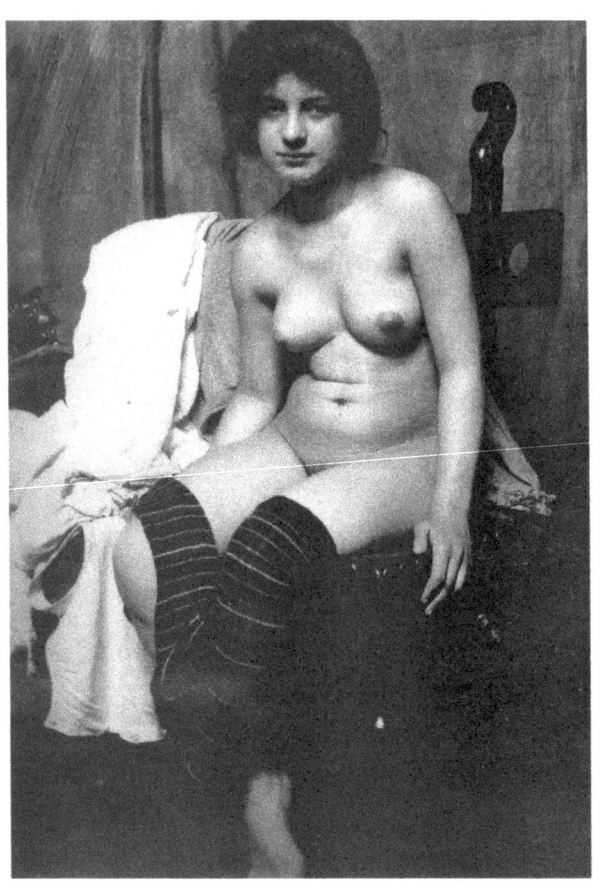

Akt, um 1900

Menschenfreund tritt Zille den dargestellten Personen niemals abwertend gegenüber, sondern bewahrt stets seinen typischen liebevollen Blick. Diese photographischen Fähigkeiten wissen auch bald seine Kollegen zu schätzen. Zille macht sich um 1899 durch die Dokumentation gemeinsamer Aktivitäten beliebt. Ausgelassene Künstlerfeste, Kegelabende und das gemeinschaftliche Aktzeichnen am Abend hält er in kleinen Serien fest, für die er weder Kosten noch Mühen scheut, wie das große Format der unhandlichen Kamera mit dem eingesetzten Magnesiumblitz belegt. Eine Reihe von Photographien, die Zille in den Ateliers der Bildhauerfreunde Kraus, Klimsch und Schmarje aufnimmt, sind brav inszeniert. Der Photograph stellt die Künstler jeweils einem ihrer Werke gegenüber. Nur August Gaul wird in ungewöhnlicher Pose lässig rauchend auf einen Stuhl drapiert.

Nüchtern lichtet Zille in einem weiteren Porträt seine Eltern ab. Er präsentiert sie 1903 in ihrer häuslichen Umgebung in Rummelsburg mit ihren ausgemergelten, erschöpften Körpern, die Rückschlüsse auf ein hartes Arbeitsleben zulassen. Mutter und Vater wirken alt und verbraucht, als ob sie nicht mehr viel vom Leben zu erwarten hätten. Und tatsächlich bleiben den Eltern nicht mehr viele Jahre, bis sie kurz nacheinander in den Jahren 1908 und 1909 das Zeitliche segnen. Mit dieser Aufnahme bleibt Zille dem Verismus treu, mit dem er seine Eltern schon 1887 in einem Photo prüfend distanziert festgehalten hatte. Die Bildnisse von Johann Traugott und Ernestine Louise Zille gleichen einer sachlichen Dokumentation des Älterwerdens.

Stehen bis 1901 bewegte Szenen von den sogenannten einfachen Leuten im Vordergrund seiner photographischen Aktivitäten, konzentriert sich Zille in den späteren Jahren auf statische, architektonische Motive aus dem alten Berlin. Die nüchternen, anklagenden Ausschnitte in der Perspektive der Totalen oder in Halbdistanz zeigen verwitterte Mauern und Türen, die heute wie Kulturdokumente der Zeit wirken und den Untergang und Verfall der Stadt erfassen. Um 1907 hängt Heinrich Zille die Kamera an den Nagel. Er begleitet höchstens noch Freunde bei ihren Photosafaris als sachkundiger Führer durch das alte Berlin. Vermutlich dämpft der Schritt in die Kunstöffentlichkeit, der 1901 durch die erste Teilnahme an einer Ausstellung der Berliner Secession erfolgt, Zilles photographischen Eifer. »Es ist, als ob er sich damit selbst aus der Phase des Lernenden entlassen und auf weitere ›Studien‹ mit der Kamera verzichtet hätte.« (Kaufhold, 1998) Auch die zunehmende Arbeitsbelastung durch das freiberufliche Zeichnen für verschiedene Zeitschriften neben der regulären Tätigkeit in der Photographischen Gesellschaft mag dazu beigetragen haben, dass Zille keinen Spaß mehr am Umgang mit der Kamera findet. Die Leidenschaft für das Medium Photographie verliert er jedoch nicht. Eine Sammlung von Photos und Postkarten aus fremder Hand, die Zille im Laufe seines Lebens anlegt, zeugen von dem fortlaufenden Interesse. Die Kollektion mit Häuser- und Straßenansichten vom alten Berlin, eines von Zilles Lieblingsthemen, wie er seinem Biographen Danke gegenüber erklärt, veranschaulicht seine tiefe Verbundenheit zur Heimatstadt.

Der private Zille

Im Jahr 1900 entwickeln sich die Rummelplatz-Szenen zu Zilles zeichnerischem Hauptthema. Vier Bildfolgen zu verschiedenen Jahreszeiten lassen sich rekonstruieren. In ihnen offenbaren sich einmal mehr Zilles Blick für das Ungewohnte und das vorurteilslose Zutrauen derjenigen, die ihm intime Einblicke in ihr Privatleben gestatten. Zille besitzt ein besonderes Charisma, das ihm immer wieder die Türen und Herzen der Menschen öffnet. Als Paradebeispiel darf die Darstellung »Reisigsammlerinnen« von 1897 gelten, an deren Protagonistinnen Zille ganz nahe heranrückt – ohne Hemmungen oder Verärgerung hervorzurufen. »Es war der Gestus der Empathie, der es ihm ermöglichte, tiefer und unangefochtener in bestimmte Bereiche der sozialen Wirklichkeit vorzudringen als andere Künstler, die sich aus der Ferne eine mehr oder minder idealisierte Vorstellung von der Realität machten«, schreibt Matthias Flügge über den manchmal menschenscheu bis sonderlich wirkenden Künstler.

Ein Vergleich der Rummelplatz-Aufnahmen belegt, dass Zille für die Erstellung der Bildfolgen zahlreiche Orte besucht haben muss, denn Karussells und Jahrmarktbuden sind nicht immer identisch. Diese auf den ersten Blick unwichtige Feststellung verweist exemplarisch auf eine Besonderheit, wenn man, wie der Zille-Biograph Lothar Fischer, die Photos als »Dokumente

seines Lebens« ansieht: Die Aufenthalte in den Vergnü-
gungsstätten zeigen Zilles Freude an bodenständigem
Zeitvertreib in heimischer Umgebung. Überschaubare,
unkomplizierte Aktivitäten bedeuten für ihn Amüse-
ment und Lustgewinn. Fröhliche Jahrmarktbesuche,
nächtliche Kneipentouren und anrüchige Kabarettvor-
stellungen gehören dazu genauso wie Tagesausflüge in
die erholsame märkische Natur. Aufwendige Reisen
und anstrengende Exkursionen treffen hingegen nicht
den Geschmack des Familienvaters. Zilles Sohn Walter
behauptet: »Für Reisen war er nicht zu haben. Nur
einmal unternahm er mit guten Freunden eine Rhein-
reise.« Ob Zille, wie manche Quellen behaupten, für
die Photographische Gesellschaft in jungen Jahren tatsächlich nach Wien gereist ist, um beim Erfinder Klisch
an einer Veranstaltung für Druckfachleute teilzuneh-
men, bleibt fraglich. Mit seinen Freunden unternimmt
Zille ein paarmal kleinere Ausflüge, zum Beispiel eine
Radtour mit Gaul und Kraus, die zur Gemäldesamm-
lung in Dresden führte, und 1906 eine Reise in den
Spessart und an den Main. Auch eine »Kavalierfahrt«
nach Hamburg ist nachweisbar. Eine Zeichnung von
1895, »Erinnerungen an die Schwiegerstraße in Hamburg«, zeigt drei Männer vor der sich öffnenden Tür eines Freudenhauses. Belegt sind ebenfalls Verwandten-
besuche in Dresden, die Zilles Frau zuliebe in größeren
Abständen erfolgen.

Zilles Ehefrau Hulda, die ihrem Mann stets große
Freiräume gewährt und seine Gewohnheiten großzügig
toleriert (sicherlich manche weibliche Konkurrenz ahnend), bleibt ihm stets Stütze und ist ein schlichtender
Partner in Konflikten. Ihr Wirkungskreis beschränkt

sich ausschließlich auf den häuslichen Bereich. Heim und Herd sind ihr Revier. Nie tritt Hulda Zille selbstbewusst in Erscheinung, um eigene Interessen zu vertreten. Die ihr zugedachte Rolle als Hausfrau und Mutter hinterfragt sie nicht. Hulda bleibt in den traditionellen bürgerlichen Strukturen verhaftet, auch wenn zur gleichen Zeit Frauen um sie herum beginnen, aus ihrer konventionellen Rolle auszubrechen. Zilles Ehefrau sorgt für das leibliche Wohl der Familie, für einen gepflegten Haushalt und die Erziehung der Kinder. Interne Spannungen vermag die Hausfrau und Mutter geschickt aufzulösen. Zille, der sich gerne als gutmütiger Vater inmitten familiärer Harmonie stilisiert und gelegentlich zur Schlummerstunde der Kinder eine Gutenachtgeschichte beim Schein der Petroleumlampe vorliest, hat durchaus Probleme mit den heranwachsenden Söhnen. Sie entwickeln sich nicht zu seiner Zufriedenheit. Insbesondere Walter, der über das künstlerische Talent seines Vaters verfügt und mit 18 Jahren Zeichenunterricht erhält, erfüllt nicht seine Erwartungen. Im Schatten des populären Familienoberhaupts verdingt sich der jüngere Sohn als technischer Zeichner der AEG. Eine eigenständige künstlerische Karriere bleibt ihm versagt.

Auffällig ist, wie wenig Hulda Zille als Frau des beliebten, hofierten Zeichners in der Literatur Erwähnung findet. Kaum ein persönliches Detail ist über die treusorgende Ehefrau bekannt. In der Gesellschaft und in Zilles Unternehmungen scheint sie kaum eine Rolle gespielt zu haben. Es wirkt fast so, als ob Zille erst nach ihrem Tod bemerkte, was er an ihr hatte. Als Hulda Zille 1919 stirbt, fängt die bürgerliche Ordnung des Ehe-

Frau mit Tragetasche und Reisigpäckchen, Blick Richtung Charlottenburg, 1898

manns, der Rundumversorgung gewöhnt war, zu bröckeln an. Nun ist keiner mehr da, ihm seine Wünsche von den Lippen abzulesen, seine geliebte deftige Hausmannskost – das Lieblingsgericht waren Rippchen mit Mohrrüben – zuzubereiten und als Stimmungsaufheller zu dienen. Sowohl körperlich als auch psychisch stellen sich bei Zille bald erste Probleme ein.

Auf Äußerlichkeiten legt der Menschenfreund keinen Wert. Sinn für elegante Kleidung und ein exklusives Erscheinungsbild hat er nicht. Häufig trägt er tagelang denselben Anzug, in den eigenen vier Wänden läuft er meist hemdsärmelig herum, selbst wenn es Besuch zu empfangen gilt. Trotz seines wenig beeindruckenden

Äußeren sorgt der Zeichner immer wieder mit seiner Ausstrahlung für Überraschungen. Als 1914 der Schlagerpoet Hermann Frey (1876–1950) und ein Kollege mit dem ihnen unbekannten Zille im Pschorr-Bräu verabredet sind, erwarten beide »einen alten Knaben mit verwildertem Vollbart und eigentümlichen Manieren«. Umso mehr verblüfft es sie, einen adretten Herrn eintreten zu sehen. »Übermittelgroße Figur, aber wohlgepflegt, mit schön gestriegeltem Vollbart, Brille auf der pfiffig vorspringenden Nase, nach allem anderen aussehend als nach einem Künstler.« (Frey, 1943) Der Abend endet in einem ausgiebigen Zechgelage und markiert den Beginn einer innigen Freundschaft. Gemeinsam leert man Bier um Bier, dazu »Hausiererliköre«, eine Art Cocktail mit Rosen- oder Zitronenlikör, und das sogenannte Gummiarabikum, wie Frey den Kognak bezeichnet. Später landen die Herren in einem geheimnisvollen, von Tabakqualm vernebelten Kellerlokal in der Katharinenstraße, in das man ihnen nur dank Zilles Klopfzeichen Einlass gewährt. »Man sah aber doch, wie elegante junge Männer neben eleganten Frauen saßen, wie abgeschabte Kleidung tragende Greise neben jungen Dingern in ärmlichster Frauenkleidung hockten«, beschreibt Hermann Frey das Bild, das sich ihnen bot. Hier werden am langgezogenen Tresen Bouillon und Speiseeis serviert, eine von jenen seltsamen Kombinationen, die für ein unerwartetes Geschmackserlebnis in den Nachtlokalen sorgen. Frey beobachtet in dieser Nacht Zille beim Zeichnen. Ruckzuck zieht der Bleistift und Papier aus der Jackentasche, um in der Kneipe der kleinen Leute mit wenigen Strichen ein paar Eindrücke einzufangen. Der neue Freund bleibt davon nicht verschont. Zille bringt ein erstes Porträt vom sympathischen Frey zu Papier. In Frey findet der Zeichner, der wie viele Künstler in ökonomischen Fragen als nicht sehr praktisch veranlagt gelten darf, einen helfenden Freund, engagierten Agenten und kontaktfreudigen Vermittler. Während des Krieges und in der Inflationszeit kann er auf den talentierten Hermann Frey zählen. Der Schlagertexter beschafft ihm Aufträge für Theaterkulissen, Plakate und Umschlagszeichnungen und kümmert sich um launige Kunden und schwierige Gehaltsverhandlungen. Zille weiß das Engagement des Freundes zu schätzen und bedankt sich mit seinem kreativen Potential. Er gestaltet umfangreiche Entwürfe für die Bühnenbilder von Freys eigenen Produktionen, zum Beispiel für die Revue »Rund um die Spree« (1914). Erwiesenermaßen geht aus einem feuchten Gelage in einer Künstlerkneipe in der Besselstraße Hermann Freys Welterfolg »Immer an der Wand lang« hervor. Eine Anekdote berichtet von einem Pianisten, der sich nicht mehr gerade auf den Beinen halten konnte und sich langsam an der Wand entlangtasten musste, um zu seinem Instrument zu gelangen. Aus dem Zuruf der Freunde entwickelte Frey den Schlagertext, zu dem Walter Kollo die Musik schrieb.

Zille erschließt sich durch seine persönlichen Kontakte zum Theater indes ein neues Betätigungsfeld. Ein Bühnenauftritt als Teil eines lebenden Bildes in der Revue »Chauffeur, ins Metropol« im Metropol-Theater sowie seine Arbeit für den Freund Hermann Frey im Rose-Theater lassen Zille in den Jahren 1912 und 1914 neue, interessante Erfahrungen sammeln. Insgesamt ist Zilles Künstlerleben jedoch wenig aufregend und an einschneidenden Veränderungen arm. Eine umso größere Rolle spielen Freundschaften in seiner Biographie. Der Zeichner ist beliebt, herzlich und aufrichtig. Der geradlinige Heinrich Zille begegnet den Menschen ohne Vorurteile und gibt sich stets liebenswürdig. »Spürte er jedoch Heuchelei, berechnenden Geschäftssinn, Intrige oder gar den Versuch, ihn auszunutzen und für dumm zu verkaufen, so zog er sich zurück.« (Fischer, 1979)

Dem Freundeskreis Zilles gehören viele Nachtgestalten an, unter ihnen zahlreiche Gastwirte, Kabarettisten und Revuesängerinnen, die er durch seine häufigen nächtlichen Ausgänge kennenlernt. Der Zeichner ist in den einschlägigen Kneipen und Kellerlokalen bekannt wie ein bunter Hund und im »Gasthof zum Grünen Baum« im Scheunenviertel, im »Strammen Hund« am Oranienburger Tor und im »Nußbaum« in der Fischerstraße gerngesehener Stammgast. Unüberschaubar erscheint die Anzahl der Lokale, die Zille besonders nach dem Tod seiner Frau besucht und in denen er die Vorlagen für die charakteristischen Figuren seiner Bilder findet. In den teils verruchten Etablissements entdeckt er die Kleinganoven, Schwerenöter und Halbweltdamen, die er als Inspiration für seine künstlerische Tätigkeit benötigt. Manches Lokal verdankt ihm sogar einen gewissen Bekanntheitsgrad. Schon Hans Ostwald kommentierte: »Aus seinen Schilderungen wird das Berliner Kneipenleben der letzten Jahrzehnte wach. Sie sind ein Stück Kulturgeschichte der Reichshauptstadt.« Wenn Zille den »Nußbaum« in der Fischerstraße besucht, ist bald die gesamte Gegend informiert. Nachbarn rennen herbei, wie sie gerade gekleidet sind, hemdsärmelig und in Latschen. Sogar eine Zille-Bilderwand gibt es im Lokal: »Wat se in den damals noch billigen Zeitschriften fanden, det wurde, einfach mit'n paar Mostrichklecksen, anjebracht.« In Zilles Frühzeit gehört der »Nußbaum«, eine Berliner Traditionsgaststätte aus dem 16. Jahrhundert, zu seinen Lieblingsplätzen. Der Zeichner geht in diesem Lokal, das rekonstruiert seit 1987 wieder im Nikolaiviertel existiert, ein und aus und unterhält enge Kontakte zur Halbwelt. Er widmet dem »Nußbaum« die Geschichte »Im Schatten«, die in »Zwanglose Geschichten und Bilder« erscheint und anschaulich die Atmosphäre der Gaststätte als »Hafen der Heimatlosen« beschreibt: »Schiefe Häuser, dunkle steile Treppen, winklige Stuben, zum Verkriechen einladend. Wenige kennen die alten engen Gassen mitten in der Stadt, das Rauschen der Großstadt flutet abseits vorbei. Dazwischen ein Häuschen wie aus einer Kleinstadt geholt, mit spitzem Giebel nach der Straße gestellt. Beschattet von einem alten Nußbaum, dessen Wurzeln sich im Keller und unter dem Straßenpflaster festhalten. ›Kuchenhaus‹ nennen es die Gäste der Gastwirtschaft ›Zum Nußbaum‹. Wer fand Süßigkeit? Die der Nußbaum festhielt, verkamen in Bitternis, Krankheit und Elend. Leute mit Namen gab es hier: ›Der Major, der Schutzmannskarl, die gnädige Frau, der Fürst ohne Gehirn, der polnische Graf, die Veilchengräfin‹ und so viele. Mädchen, mit kurzgeschnittenen Haaren, aus der Strafanstalt entlassen, schlürften im wilden Tanz Freiheit und Schnaps. Bleiche Männer, scheublickend, unterernährt, Schädel und Wangen rasiert, noch Zuchthausluft ausatmend, lassen sich hier wieder ›Herr‹ nennen. Wer wieder frei, den zog es nach des Nußbaum's Schatten.«

Kiesgrubenwärter und Heinrich Zille, um 1900

Den engen Freunden Heinrich Zille und Hermann Frey sind ihre weitreichenden Verbindungen zur Unterwelt häufig vorgeworfen worden. Einer, der sicher zu Kritik am Umgang der beiden Anlass gab, war der Gastwirt Conrad Miertzsch, der die sogenannte Parochialritze in der Parochialstraße betrieb. In ihm fand Zille einen treuergebenen Freund, der Verständnis für seine menschlichen und künstlerischen Ambitionen zeigte und ihm das ein oder andere Mal behilflich war. Der Wirt führte den Künstler in geschlossene Kreise ein, erzählte ihm von den Lebensläufen einzelner Wirtshausbesucher und stand ihm bei, wenn ihm so mancher »Macker« eines Mädchens, das Zille heimlich skizzierte, auf die Pelle zu rücken drohte. »Da saß der Weber-Emil. Fünf Jahre Z. Der Matrosen-Karl – acht

Jahre Z. wegen Notzucht und solch schöner Sachen. Der Antennen-August – solch langer Latsch. Und denn die Damen! Die Stubenmuttern, Klettermarie und wer alles da war. Radieschen war auch dazwischen. Sie ging jetzt nicht mehr selber. Sie schickte jetzt selbst Mädchen auf'n Talon, aufs laufende Band (…) Bei einer Gasflamme in der Mitte. Da konnte man doch was studieren. Da brauchte man bloß in die Gesichter zu sehn.«

Heinrich Zilles Bekanntheitsgrad gebietet es in den Augen einiger, den Zeichner hochachtungsvoll mit »Professor« anzusprechen. Der prominente Künstler wird umworben und hofiert, nicht nur von Bekannten, sonder auch von Menschen, die seine Freundschaft suchen. Mancher spekuliert im Lokal nicht ganz selbstlos auf ein paar freie Runden auf Kosten des Zeichners. Doch Zille winkt in solchen Situationen ab. Dabei ist er durchaus großzügig, wenn es darauf ankommt, in Not geratenen Freunden zu helfen. Immer wieder übernimmt er generös Arzt- und Apothekenrechnungen für Mitmenschen, deren beschränkte finanzielle Mittel keine Krankenversicherung erlauben. Walli Nagel, die Frau des Malers Otto Nagel (1894–1967), die Zille in seinen letzten Lebensjahren im Haushalt manches Mal unterstützte, erinnert sich, wie dieser Hundertmarkscheine in kleine Fünfmarkscheine einwechselte, um sie Briefen an die »Armen« von seinen Listen beizulegen. In der Regel handelte es sich dabei um Personen in desolaten Verhältnissen, die Zille nicht nur mit Sprüchen und Bildern aufzurütteln versuchte, sondern dann und wann gezielt unterstützte. Häufig betonte der Zeichner, es sei besser, Hungernden und Darbenden direkt zu helfen und ihren leeren Bauch zu füllen, als sich politisch in einer Partei zu engagieren, in der der Einzelne letztlich nicht viel gegen die sozialen Missstände ausrichten könne.

Die Anrede »Vater Zille« gefällt dem Künstler. Sie passt zu seinem gutmütigen Wesen und seinem Charakter als Philanthrop. Lange Zeit unternimmt der soziale Aufsteiger nächtliche Touren, um in Kontakt mit dem Milieu zu bleiben, dem er entstammt. Er schämt sich nicht für seine Herkunft und leugnet sie nie. Der Biograph Adolf Behne spricht gar vom »schöpferisch gewordenen Proletarier«, unterschlägt dabei aber die Tatsache, dass Zille trotz eingehender Kenntnis von Not und Entbehrung dem Kleinbürgertum längst entwachsen ist. Der Schriftsteller Kurt Tucholsky (1890–1935), der große Bewunderung für Zille hegt, trifft den Nagel auf den Kopf, indem er 1925 schreibt: »Zille gehört zu den Neuen, weil er unbarmherzig sein kann und Herz hat, weil er vor Mitleid mitleidlos schildert, weil er die Ruhe weg hat.« Zille verteilt Wohltaten, spendet Anerkennung und richtet wärmende Worte an die Leute, die es nötig haben – auch wenn er längst aus beträchtlicher Distanz handelt. Ihm ist durchaus bewusst, dass sich der Abstand zur Lebenssphäre seiner frühesten Kindheit durch seine Entwicklung zum populären Künstler immer weiter vergrößert. Warum Zille, der dem Arbeitermilieu entstammt und sich mit allen ihm zur Verfügung stehenden Mitteln hochgearbeitet hat, den Kontakt zu den untersten Schichten nicht lassen kann, ist anhand der Quellen und Literatur nur bedingt nachvollziehbar. Matthias Flügge mutmaßt über die Gründe: »Zu lange wirkte die Milieutheorie nach, als daß der Blick freigeworden wäre und das Besondere der Person Zille. Und zu sehr hatte man sich alsbald durch die wohlmeinenden Klischees vom ›Vater der Straße‹, vom ›Pinselheinrich‹ (der doch nur höchst selten ›pinselte‹) den Blick verbaut. Kaum, daß da noch eine gerechte Übersicht über das Werk möglich wäre – und das seelische Befinden dieses im Grunde wohl zeitlebens einsamen Mannes interessierte erst recht keinen.«

Zum Freundeskreis Zilles gehören auch einige Künstlerinnen. Hinter dem weitgefassten Begriff verbergen sich Kabarettistinnen und Revuesängerinnen, die im unverblümten Berliner Dialekt, dem »Zille-Stil«, singen und wie der Zeichner selbst nicht unbedingt aus Berlin stammen. Bekannte Namen wie Trude Hesterberg, Senta Söneland und Lotte Werkmeister gehören dem Kreis an. Insbesondere aber mit der Chansonette Claire Waldoff (1884–1957) unterhält Zille eine enge Freundschaft. Die Kleinkunstinterpretin und der Zeichner befinden sich auf einer Wellenlänge. Zille, der die Sängerin am Anfang ihrer Karriere beim Komponisten Walter Kollo kennenlernt, spricht ihr Mut zu, als sie an ihren Fähigkeiten zweifelt: »Du mußt so bleiben wie du bist, denn du bist etwas, was so selten ist – ein Original.« Claire Waldoff, die sich als elftes von sechzehn Kindern einer armen Familie aus dem Ruhrgebiet von kleinen Komödiantenrollen zur Kabarettkönigin hochspielt und -singt, wird in den 1920er Jahren zum Liebling des Publikums. »Die Waldoff zeigt sich als Künstlerin allerersten Ranges. Sie legte einen so urkomischen Ententanz ein, daß das Haus buchstäblich wackelte. Sie spielte, sang und tanzte – wie man so sagt, sämtliche Kollegen an die Wand«, kommentiert Hermann Frey ihren Auf-

»So ist's richtig, Kinder – ins Freie, in die Weite, in die Ge-
fahren! … In der Badewanne lernt ihr nicht schwimmen!«

tritt im angesagten Nobelkabarett Roland von Berlin in
der Potsdamer Straße. Die gefeierte »Volkssängerin«,
als die sie sich selbst gerne bezeichnet, spezialisiert sich

auf Chansons und Gassenhauer im auf Kneipentouren erlernten Berliner Jargon. Aus ihrem breitgefächerten Repertoire geraten populäre Songs wie »Wer schmeißt denn da mit Lehm?« und »Nach meene Beene is ja janz Berlin verrückt« zu echten Ohrwürmern.

Mit ihrer Aufmachung aus Krawatte, Hemdbluse und bronzerotem Bubikopf etabliert sich die Waldoff als Stil-Ikone. Ihr androgynes Auftreten wird zum Markenzeichen der emanzipierten Frau. Die Sängerin raucht und flucht auf der Bühne und zeigt sich ungeniert dem weiblichen Geschlecht zugeneigt. Claire Waldoff selbst beschreibt ihre Ausstrahlung später in ihren Erinnerungen »Weeste noch …?« nicht ganz unbescheiden so: »Meine einfache Art, ohne Geste, nur auf Mimik, nur auf das Mienenspiel der Augen gestellt, war etwas Neues auf der Kabarettbühne. Ich war und blieb die große Nummer in meiner Einfachheit.« Heinrich Zille und Hermann Frey, der einige Lieder für die Waldoff schreibt, begleiten sie häufig auf ihren Touren durch das Berliner Nachtleben. Gemeinsam studieren sie »Nacht und Leute«, wie die Waldoff es einmal formuliert. Mit Zille bleibt die Sängerin bis zu dessen Tod befreundet. Er widmet der engen Vertrauten einen seiner letzten Briefe. Gefühlvoll schreibt Claire Waldoff rückblickend über den Weggefährten: »Ich liebte diesen wunderbaren Menschen und Maler. (…)Was haben wir uns stundenlang, nächtelang über Berlin gefreut. Schließlich konnten wir beide gar keinen anderen Dialekt mehr sprechen. Jede Nacht kam Zille zu uns ins Kabarett, gegen ¾ zwei Uhr, seinen Schlapphut auf und seine große Malmappe unterm Arm.«

Falsch wäre die Annahme, der aufgeschlossene und

den Menschen zugeneigte Zille hätte durch sein ausschweifendes Nachtleben überwiegend Freundschaften in der Welt der Kneipen- und Kabarettkultur unterhalten. Sein Freundeskreis gestaltet sich durchaus ausgewogen. Bemerkenswert sind Bekanntschaften in die Künstlerszene und zu einzelnen Persönlichkeiten aus dem kreativen und intellektuellen Umfeld. Wie bereits erwähnt, fühlt sich Zille besonders zu August Gaul und August Kraus, den zehn Jahre jüngeren Bildhauern der Berliner Secession, hingezogen. Ihnen und ihrer plastischen Arbeit fühlt er sich als Mann des Handwerks zugehörig. Die Familien der Künstler pflegen einen freundschaftlichen Umgang. Gemeinsam unternimmt man Sonntagsausflüge und feiert feucht-fröhliche Atelierfeste, häufig und gerne ergänzt von den Kollegen Fritz Klimsch und Walter Schmarje.

1922 trifft Zille zum ersten Mal auf den Berliner Maler Otto Nagel. Mit dem gelernten Glasmaler – ohne Abschluss – und Sohn eines Tischlers aus dem Wedding verbinden ihn neben einer Künstlerfreundschaft auch berufliche Bestrebungen. Von einem engen Verhältnis zu sprechen wäre allerdings übertrieben, es handelt sich wohl eher um eine von gegenseitiger Hilfe getragene Sympathie, wie die bis in Zilles letzte Tage mit »Mein lieber Herr Nagel!« überschriebenen Briefe vermuten lassen. Weil der Sozialist Otto Nagel sich am Berliner Märzstreik von 1919 beteiligt, wird der beim Maschinenbauer Borsig beschäftigte Arbeiter fristlos entlassen. Es folgt der Versuch, sich als freischaffender Künstler zu etablieren. Fördert und motiviert Zille anfänglich den talentierten jungen Kollegen und dessen sozialkritische Malerei über das Berliner Arbeitermilieu, entspringt ihrer Bekanntschaft 1928 die gemeinsame Herausgabe der satirischen Zeitschrift EULENSPIEGEL. Dort bleibt Otto Nagel bis 1932 Redaktionsleiter. Der stets kulturpolitisch engagierte Maler, der sich sehr für den Erhalt historischer Bauten einsetzt, entwickelt sich allmählich zum wichtigen Vertrauten von Heinrich Zille und Käthe Kollwitz. Nach deren Ableben ordnet er den Nachlass und gibt zahlreiche Schriften über die Weggefährten heraus. Im Jahre 1924 organisiert er im Kaufhaus Wertheim die »Künstlerhilfe«, eine Verkaufsausstellung zugunsten in Not geratener Kollegen, und beteiligt sich an den Künstlermappen mit den Antikriegszyklen »Krieg« und »Hunger«.

Otto Nagel, der im Laufe seines künstlerischen Schaffens von den Porträts einfacher Leute in den Themenkomplex der Berliner Stadtansichten wechselt, erhält mit der Machtübernahme der Nationalsozialisten Berufsverbot und wird sogar für eine Zeit ins Konzentrationslager Sachsenhausen verbracht. Seine sozialistisch-realistische Kunst bewerten die Machthaber als »entartet«. Einzelne Werke des Künstlers werden beschlagnahmt oder sogar vernichtet. Genugtuung und Erfolg widerfahren ihm nach dem Zweiten Weltkrieg. Von Wiedergutmachung zu sprechen wäre jedoch vermessen. Als Kunstpolitiker und Publizist tritt Otto Nagel in der Nachkriegszeit erfolgreich öffentlich in Erscheinung. Tätigkeiten als Abgeordneter der Volkskammer, die Gründungsmitgliedschaft der Deutschen Akademie der Künste in der DDR und die Präsidentschaft des Verbandes Bildender Künstler runden seinen beruflichen Lebensweg ab. Nach seinem Tod 1967 vereint Otto Nagel mit Heinrich Zille eine besondere Auszeichnung: Am 4. Februar 1970 wird ihnen posthum das Ehrenbürgerrecht der Stadt Ost-Berlin verliehen. Ihr Einsatz für die Arbeiterklasse und gegen das Elend in den Berliner Mietkasernen erfährt so eine späte Würdigung.

Um das Kapitel von Zilles Freundschaften abzuschließen, sollen an dieser Stelle noch zwei Verbindungen Erwähnung finden. Dem Arzt Dr. Adolf Heilborn, der auch als Übersetzer und Schriftsteller tätig war, hat Zille einiges zu verdanken. In ihm findet er einen wohlwollenden Förderer. Engagiert stellt Heilborn den Kontakt zu potentiellen Käufern und Sammlern her. Nachweisbar ist mindestens ein Auftrag in Mühlheim für die Ausmalung eines Raumes in einem Kindergarten, der aus seiner Empfehlung hervorging. Der Arzt erwirbt auch selbst das eine oder andere Blatt aus den Händen des Zeichners, um ihn zu unterstützen. Als Autor verfasst er um 1924 ein vielbeachtetes Buch über Heinrich Zille und Käthe Kollwitz mit dem Titel »Künstler des Volkes«. Auch der hochgeschätzte Kunsthistoriker und Sammler Frikomar Dörfler aus Radebeul bei Dresden gehört zu den engen Vertrauten Zilles. Nicht nur, dass Zille ihn zu dessen Vermählung 1919 mit einem Hochzeitsblatt beschenkt, das mit dem flotten Spruch »Städter, aus Berlin, gratulieren Dörflern« versehen ist, er schickt ihm auch regelmäßig Exemplare von neugedruckten Graphiken für seine Sammlung. Hätte Zille gewusst – was sich erst später herausstellte –, dass der geschäftstüchtige Dörfler die zum Freundschaftspreis erhaltenen Blätter häufig gewinnbringend weiterverkaufte, hätte sich vermutlich eine dunkle Wolke über die langjährige Freundschaft gelegt.

Zu den hauptsächlichen Förderern Heinrich Zilles gehört neben den Künstlern Käthe Kollwitz und Walter Leistikow besonders der Maler Max Liebermann. Von Freundschaft kann man nicht sprechen, zu unterschiedlich ist der gesellschaftliche und finanzielle Status der beiden Männer. Zumindest verbindet die beiden Künstler aber eine aufrechte gegenseitige Sympathie, auch wenn – trotz des gemeinsamen Berliner Jargons – stets eine gewisse Distanz zwischen ihnen bestehen bleibt. Heinrich Zille hat große Hochachtung vor dem Malerfürsten und kann seine Hemmungen ihm gegenüber nie ganz ablegen. So könnte man die beiden Künstler fast als Gegenpole bezeichnen, die sich aus der Ferne beobachten und dabei nicht aus den Augen verlieren. Zille bewundert den wohlhabenden akademischen Maler aufrichtig und hegt Respekt vor seinem Werk und der prominenten Person. Liebermann wiederum schätzt an dem zehn Jahre jüngeren Kollegen Zille dessen Wahrheitsliebe und Entschlossenheit, ungeschönt Szenen aus dem »dunklen Berlin« darzustellen.

Der Zeichner Heinrich Zille verdankt dem Maler Max Liebermann eine Menge. Als geschätztes Mitglied der Berliner Gesellschaft und Präsident der Akademie der Künste nutzt Liebermann wohlwollend seinen Einfluss und macht Sammler und Kunstliebhaber auf Zilles Arbeiten aufmerksam. Er ermutigt den Kollegen außerdem, bei seinen Honorarforderungen selbstbewusst aufzutreten. Auch einer größeren Anzahl von Ankäufen der Nationalgalerie im Jahr 1921 geht Liebermanns Empfehlung voraus. Als Liebermann Zille einmal fragt, warum er nicht in Öl male, antwortet der schnöde: »Herr Professor, die Ölfarbe is mir heilig! Es malen so schon zu ville in Öl. Ick zeichne meine Männeckens weiter – und bin zufrieden.« 1924 verfasst der vielbeschäftigte Max Liebermann auf Wunsch eine Einleitung in Briefform zum Bildband »Berliner Geschichten und Bilder«. Einfühlsam schreibt der Maler: »Keine Kunst ist selbstverständlicher, daher leichter zu verstehen, als die Ihrige. (…) Zwar ist das, was Sie darstellen, durchaus nicht vergnüglich. Im Gegenteil! (…) Tausende und aber Tausende werden achtlos, und wenn sie darauf achteten, sogar mit Abscheu an den Szenen, die Sie schildern, vorübergehen, wenn sie ihnen im Leben begegnen sollten. (…) Sie dagegen werden von ihnen tief bewegt. Das große Mitleid regt sich in Ihnen, aber Sie beeilen sich, wie Figaro sagt, darüber zu lachen, um nicht gezwungen zu sein, darüber zu weinen. Wir spüren die Tränen hinter Ihrem Lachen.«

Max Liebermanns Verdienst ist es, dass Zille am 1. Februar 1924 als ordentliches Mitglied in die Preußische Akademie der Künste Aufnahme findet. Auf seinen und August Kraus' Vorschlag wird der Zeichner gleichzeitig zum Mitglied und Professor ernannt. Peinlich berührt und fast widerwillig fügt sich der Geehrte, der stets bescheiden gegenüber Auszeichnungen bleibt, in sein Schicksal, verbittet sich aber die Anrede »Professor«. Ostwald schildert die für Zille typische Reaktion auf die Ernennung: »In der ersten Sitzung, an der die neuen Mitglieder teilnehmen, müssen sie, wie das seit langem Gewohnheit ist, ihren eigenhändigen Lebenslauf einreichen. Max Liebermann (…) nahm aus Zilles Hand dessen Selbstbiographie – sah auf das eng beschriebene Blatt – las einige Zeilen und meinte lächelnd: ›Det is ja janz ulkig! Aber sagen Se mal – warum ham Se denn det so kleen jeschriem?‹ Zille antwortete schlagfertig: ›Erstens sollte das alles uf eene Seite jehn – und denn braucht es ja doch ooch keener zu lesen!‹ ›So – o – nu lesen Se't man selber vor‹, sagte Liebermann. Zille nahm das Blatt und las seinen Lebenslauf (...). Das stille Vergnügen an dem ›Frischen Ton‹, wie es in dem feierlichen Sitzungssaal bisher unbekannt gewesen war, explodierte schließlich in einem laut schallenden Gelächter. Aber Zille blieb gelassen und las die letzten Sätze vor: ›Jetzt bin ich sogar Mitglied der Akademie geworden. Dazu schreibe ich, was das Blatt FRIDERICUS sagt: ›Der Berliner Abort- und Schwangerschaftsmaler Heinrich Zille ist zum Mitglied der Akademie der Künste gewählt und als solches vom Kultusminister bestätigt worden. Verhülle, o Muse, dein Haupt.‹« (Ostwald, 1929) Mit stürmischem Beifall beendet man die Sitzung, in der Zille trotz seiner 66 Jahre als jüngster Teilnehmer mit seiner Anwesenheit glänzt, und geht, ganz nach Zilles Geschmack, zum geselligen und feuchten Teil des Abends über. Zu den Zusammenkünften der Vereinigung geht das frischgebackene Mitglied nur in der ersten Zeit pflichtgetreu. Sehr schnell stellt Zille ernüchtert fest: »Die Künstler haben bei wichtigen Fragen dort ja doch nichts zu sagen; warum soll ich mich ärgern?«

Ein beliebter, erfolgreicher Künstler

Allmählich entwickelt sich Zille zur stadtbekannten Persönlichkeit. Dem ersten großen Erfolg des Bildbands »Kinder der Straße« von 1908 und dem ersten Künstlerheft »Berliner Rangen« folgen bald weitere Publikationen. Die illustrierten Schriften kennzeichnen Zille als sozialen Künstler, der mit »blutendem Herzen« zum ernsthaften Nachdenken anregen wolle. Ähnlich wie den von ihm verehrten Wilhelm Busch berührt den Zeichner besonders das Elend unschuldiger Kinder. Im Berlin der »kleinen Leute« starten diese als Leidtragende der bedrückenden Wohn- und Lebensverhältnisse bereits unter ungünstigen Bedingungen ins Leben. Heinrich Zille, der die Natur stets mehr liebte als die Dressur, liebte auch das Gossenkind mehr als das Gouvernantenkind, so Lothar Fischer. Es tut dem Künstler in der Seele weh mitansehen zu müssen, wie aus einem kleinen Kind statt eines gesunden, glücklichen Menschen durch Armut, Laster und Alkohol ein genauso elender Erwachsener wird wie seine Eltern. Vergraben in den licht- und luftarmen Hofwohnungen der gräulichen Mietskasernen, umgeben von Koch- und Müllkastendünsten, dürfen die Kinder und Jugendlichen auf den Grasanlagen der Innenhöfe nicht spielen und toben. Erlaubt ist ihnen höchstens, hinter dem Wassersprengwagen herzulaufen, der zur Reinigung der Straße eingesetzt wird – für die Kleinen ein unrealistisches

Unterfangen. Zille weiß, dass viele Kinder weder einen Sonnenuntergang noch einen Sonnenaufgang gesehen haben und auch keinen Singvogel, keinen Frosch und keine Schnecke kennen, von fließendem Wasser ganz zu schweigen. Seine Eindrücke spiegeln sich in seinen, oberflächlich betrachtet, idyllisch wirkenden Zeichnungen wider, die mit beißend scharfen Texten garniert sind. Ein Beispiel lautet: »Paul: ›De olle Schulzen sagt, mit 'ner Zuckerschnur uffhängen wär een süßer Tod.‹ Sonja: ›Wenn ooch – aber die Seele muß hinten raus.‹«

1910 erhält Heinrich Zille für sein zeichnerisches Werk den Adolph-Menzel-Preis der BERLINER ILLUSTRIRTEN ZEITUNG, was einen echten Popularitätsschub mit vielen Autogrammwünschen zur Folge hat. Daran ist wiederum Max Liebermann nicht ganz unbeteiligt. Er sitzt neben Franz Skarbina und Arthur Kampf in der Jury und setzt seine Machtstellung erfolgreich für Zilles Zeichnung einer gestürzten Droschkenkutsche ein. Die 3000 Mark Preisgeld des Ullstein Verlags für die typischste Szene aus dem Berliner Alltagsleben vermag die Jury dennoch nicht einstimmig zu vergeben. Zu mächtig wirken Konkurrenz und Protektion des Favoriten Fritz Koch-Gotha. Kurzentschlossen verdoppelt der Verlag das Preisgeld, um sowohl Heinrich Zille als auch Fritz Koch-Gotha gerecht zu werden. Das Titelbild der BERLINER ILLUSTRIRTEN ZEITUNG vom 18. September 1910 präsentiert die beiden Preisträger in einträchtiger Harmonie nebeneinander auf einer weißen Gartenbank. Dem Kutscher August Brose aus der Ackerstraße, dessen gestürztes Pferd Lise als Vorlage für Zilles Zeichnung diente, soll der Künstler angeblich eine kleine Entschädigung von 20 Reichsmark überwiesen haben, mit dem Versprechen, seine Droschkendienste künftig vermehrt in Anspruch zu nehmen.

Neben der Illustrationstätigkeit für die Presse entwickelt Zille tatkräftig weitere Aktivitäten, um sein Auskommen zu sichern. 1909 kann er die Mappe »Zwölf Künstlerdrucke« mit Radierungen und Kupfertiefdrucken im Verlag M. Lilienthal veröffentlichen. Ein zweites Künstlerheft, »Berliner Luft«, erscheint 1914 im Verlag der Lustigen Blätter. Im selben Jahr bringt derselbe Verlag den Bildband »Mein Milljöh« mit dem verheißungsvollen Untertitel »Neue Bilder aus dem Berliner Leben« heraus. Das Buch verkauft sich noch erfolgreicher als »Kinder der Straße«. Bis zum Ende der 1920er Jahre gehen über hunderttausend Exemplare im Buchhandel über den Ladentisch. Zille kann damit mehr als zufrieden sein. Der mittlerweile routiniert arbeitende Illustrator erhält weitgehend freie Hand bei der Umsetzung seiner Ideen, allerdings behält die Redaktion der Lustigen Blätter sich vor, ihn auf die Erwartungen ihrer Leser hinzuweisen. Immer wieder wird der Zeichner aufgefordert, nicht nur Elend, Kriminalität und Sucht aufs Papier zu bringen, sondern auch kuriose Darstellungen aus der kleinbürgerlichen Welt seiner Klientel. Dass das Ergebnis bisweilen peinlich ist und auch manches Mal danebengeht, nimmt der Verlag billigend in Kauf. »Zille klopft dem Elend auf den Popo«, bemerkt Theodor Adorno. Eine Äußerung, die auf die Ambivalenz des späten Werks zwischen Anteilnahme und Aufklärung wie auch auf die väterliche Attitüde Zilles hinweist.

Größte Bekanntheit erlangt Heinrich Zille zu Beginn

des Ersten Weltkriegs. Er selbst ist bereits zu alt, um eingezogen zu werden. Seine Äußerungen über den Krieg sind jedoch gefärbt von den eigenen Erfahrungen aus der Militärzeit in Frankfurt an der Oder und seinen Ansichten über Kadavergehorsam. Der Maler hält sich und seine Arbeit frei von Kriegspsychosen, Hasstiraden und Kriegsbegeisterung. Lieber begegnet er den blutrünstigen ersten Wochen des Kriegs mit sarkastischem Humor und einfühlsamer Menschlichkeit. Mit der anekdotischen Serie um die beiden Landsturmmänner »Vadding un Korl« für die Zeitschrift Ulk findet er zu Beginn der Kriegshandlungen 1914 Eingang in die Herzen einer breiten Leserschicht. Die beiden Figuren verkörpern nicht den patriotischen deutschen Siegertypen, sondern biedere Familienväter, die das Ende des Krieges herbeisehnen. Die gutmütigen Soldaten, die ihre Erlebnisse an der Front mit kleinen Bonmots kommentieren, präsentiert Zille als hilfsbereit und liebenswürdig gegenüber Feinden, wenn sie beispielsweise der Bevölkerung im besetzten Gebiet deutsche Weihnachtslieder vorsingen. Zille »wußte diese Landschaften, die Stimmung, ja selbst die militärischen Einzelheiten so echt und überzeugend zu treffen, daß alle glaubten, er sei auch ›vorn‹ gewesen. Niemand, der selbst im Felde gewesen, wollte ihm glauben, daß er in der ganzen Kriegszeit nicht aus Berlin herausgekommen war und nur einmal seinen ältesten Sohn, einen Lehrer, in Hinterpommern besucht hat.« (Ostwald, 1929)

Für die Figur des »Vadding« (Väterchen) orientiert sich Zille an dem schnauzbärtigen Bürgermeister des pommerschen Ortes Rosemarsow, in dem sein Sohn Hans arbeitet. Das Vorbild zum schweigsamen »Korl«

Verkehrsunfall
»Alles muss seine Ordnung haben. Erst protokollieren, dann der Jaul!«

(Karl) stellt Zille selbst. Die einbildrige, auf Plattdeutsch geschriebene »geradezu schauerliche Serie«, wie Kurt Tucholsky klagt, bringt es auf über zweihundert Fortsetzungen. Wöchentlich produziert Zille zwischen 1914 und 1916 eine Bildfolge mit den fiktiven Kriegserlebnissen der beiden deutschen Soldaten. Aufgrund der enormen Beliebtheit gelangt ein Teil der Kriegs- und Soldatenbilder in Form von zwei Sammelbänden und auch als Postkarten in den Handel. Sogar zu einer Revue mit der Musik von Friedrich Hollaender, aufgeführt im Palast-Theater am Zoo, taugen die Gestalten »Vadding un Korl«.

Ob Zille, der laut seiner Tochter zu Beginn des Ersten Weltkriegs im August 1914 glaubt, dass Deutschland zu einem Verteidigungskrieg gezwungen worden sei, die völlig unblutige »Vadding«-Serie als Kompromiss zugunsten des Broterwerbs in der Kriegszeit ansieht, wie Tucholsky behauptet (»Er hat manchmal ulken müssen, wo er ganz etwas anders tun wollte«), oder die beiden Figuren zur Verharmlosung des Kriegs und zur Beruhigung der von Kriegsmeldungen verstörten Leser instrumentalisiert, bleibt unklar. Jedenfalls unterwirft Zille sich stets dem Gebot der Menschlichkeit. Trotz aller »Blutereignisse« füllt er die Zeichnungen nie mit Leichen oder Hass und gibt den Bildern noch einen versteckten verharmlosenden Zug, indem er auf Darstellungen von Gemetzeln verzichtet. Er streut lebendigen Humor über diese blutrünstigen Jahre mit ihren Massen von Toten und Verstümmelten. So schenkt er vielen Soldaten im rauen Alltag des Kriegs ein wenig Wärme und Aufheiterung. »Weil ich selbst mal Soldat war, machte mir das eigentlich Militärische wenig Schwierigkeiten. Später haben mich richtige Kriegsmaler oft gefragt, an welchem Abschnitt der Front ich denn gewesen wäre. Ich konnte ihnen nur sagen: hier, auf 'n Bahnhöfen hab' ick mich rumjedrückt und wenn denn die Urlauber kamen, die Durchreisenden, Abkommandierten oder nach anderen Jebieten Versetzten mit ihren Zentnerlasten vorn und hinten, oben und unten behangen, von einem Bahnhof zum anderen zoddelten, denn jing ich hinterher und zeichnete und fragte ooch mal solchen Mann: haben Se mal 'ne halbe Stunde Zeit – und jing mit ihm in 'ne Kneipe und sah mir einzelnes genauer an. Na, die erzählten ja denn ooch allerlei, schrieben mir sogar später von draußen – und so trug der Soldat im Felde selbst zu der Entstehung manchen Blattes bei. Zum Beispiel schrieb mal einer, ob denn die beiden (Vadding und Korl) nich bald befördert werden – und da jab ick ihnen de Knöppe. Wat se aber vielfach nicht gelten ließen, det war det sonderbare Platt. Ich erwiderte denn, meine Texte sollen ja nicht bloß in Mecklenburg, sondern in Ostpreußen so gut wie in Sachsen und Berlin verstanden werden. Na, das sahen sie denn ooch ein – aber zufrieden war'n se nich.«

Einen spürbaren Wandel in den anekdotischen Darstellungen Zilles verursacht 1916 die traumatische Schlacht um Verdun mit dem Ausbluten des deutschen Heeres. Der fortschreitende Krieg verändert Zilles Sicht auf die Welt. Von den nicht enden wollenden Kriegshandlungen bleibt er nicht unberührt. Am Alexanderplatz skizziert er einen jungen Mann ohne Beine, der sich mühsam in einem Wägelchen fortbewegt. Parallelen zu den kritischen Zeichnungen von George Grosz und Otto Dix, die das Leid des Kriegs überzeugend darzustellen vermögen, flammen unwillkürlich auf. Längst ist der warmherzige Zeichner nicht mehr von der Unschuld Deutschlands am Krieg überzeugt. Zille appelliert mit seinen realistischen Bildern an die Verantwortlichen von Gesellschaft und Kirche, den Horror des Krieges zu beenden. In seiner Kritik schreckt er nicht davor zurück, die Berechtigung der Kirchensteuer anzuzweifeln. Selbstbewusst verlangt er bei der Behörde Auskunft über die Verwendung der eingezahlten Gelder. Infolge dieser Nachfrage schreibt er am 29. März 1919 an den Stadtverordneten Waldeck Manasse: »Bin 1916 aus der Landeskirche (mit Frau) ausgetreten. (…) Möchte nicht, daß das Geld ungesetzlich verschwindet.« Einmal mehr belegt diese entschiedene Haltung: Der Zeichner Heinrich Zille schaute nicht nur den Berlinern aufs Maul und den Berlinerinnen auf den Hintern, sondern auch dem Staat auf die Finger!

Nachdenklich und mit offenen Augen das Geschehen um sich herum wahrnehmend, entwickelt sich Zille um 1916 mehr und mehr zum aktiven Kriegsgegner. Als Beispiel darf eine Mappe gelten, die er unter dem bezeichnenden Titel »Kriegsmarmelade« in den Jahren 1916 bis 1919 erstellt. Darin ist eindeutig eine kriegsablehnende Haltung erkennbar. Zilles Anteilnahme am Schicksal der »Krüppel« und Kriegsgeschädigten auf den Berliner Straßen verschärft seine antimilitaristische Tendenz, die trotz seiner konstanten Weigerung, sich auf eine parteipolitische Linie festnageln zu lassen, immer vorhanden ist. Hierarchien und Befehlsgehorsam sind ihm seit seiner eigenen Militärzeit ein Greuel. Zille geht sogar so weit zu behaupten, dass Reverenzerweisungen und Grußarten nur erfunden worden seien, um die Untergebenen zu demütigen und wehrlos zu halten: »Beim Präsentieren des Gewehrs hält der Infanterist ›das Gewehr mit beiden Händen senkrecht vor seinen Körper, Mündung in Augenhöhe, rechte Hand am Gewehrschloß‹. Er zeigt dem zu ›Ehrenden‹, daß er vollständig im Bann des Gehorsams ist, mit der Waffe nichts beginnen kann, ohne seine Sturheit zu unterbrechen. Die, denen das Honneur gilt, sind vollständig beruhigt, ohne Angst gegen Meuterei oder Attentat. Alle Ehrenbezeugungen waren Knechtungen zur Sicherheit der Befehlenden. Wir waren gezwungene Vaterlandsverteidiger.« Der Zyklus »Kriegsmarmelade« kann durchaus als kritisches Gegenstück zu den Zeichnungen der vorherigen Jahre aus dem ULK und den LUSTIGEN BLÄTTERN verstanden werden. Auf dem Titel prangt ein nackter Teufel vor einem lodernden Kessel, ein preußisches Gewehr hängt an seinem Gürtel. Eine Nonne sitzt auf dem Kesselrand und fleht um Gnade. Doch der Teufel gibt sich ungerührt und schüttet unbeeindruckt Menschen in den großen roten Kessel hinein. Frauen, Kinder und Soldaten verquirlt er zu einem klebrigen Brei, der Kriegsmarmelade. Eine Chance auf Veröffentlichung hat die Mappe, ironisch verziert mit einem schwarz-weiß-roten Bändchen, vorerst nicht. Immerhin kann sich Zille mit den spöttischen Versen und den unliebsamen Zeichnungen, auf denen unter anderem der Kaiser im Nachthemd auftaucht und meckert: »Das Volk denkt nicht! Hat die Schnauze zu halten!«, seinen Groll von der Seele skizzieren. Erst kurz nach Zilles Tod, 1929, gelingt die Veröffentlichung einer Auswahl von 18 Antikriegszeichnungen in dem von Otto Nagel herausgegebenen Buch »Für Alle!«.

Nach dem Ende des Kriegs, am 18. November 1918, äußert sich Zille missmutig angesichts der Zukunft. Mit Fortgang der Kampfhandlungen hatte sich die soziale und wirtschaftliche Lage der gesamten deutschen Bevölkerung zunehmend verschlechtert. »Diese Verschlechterung wurde in den ersten Nachkriegsjahren aufgrund einer rapiden Geldentwertung und sinkender Reallöhne für die arbeitenden Massen nicht aufgehoben, während ›alle Schuldner und alle Besitzer von Sachwerten‹ zu Nutznießern der Inflation wurden. Die Landwirte wurden (…) entschuldet und konnten die Preise täglich, gemäß dem Markkurs, ändern. Goldene Zeiten hatte (…) die Großindustrie.« (Katalog »Wem gehört die Welt«, 1977) Den Unglücksjahren des Kriegs folgte massive Not auf der einen Seite, Genusssucht und Verschwendung auf der anderen. Gravierende soziale Unterschiede, gesteigert noch durch die Folgen der Inflation, traten zutage. Die Gesellschaft schien sich endgültig zu spalten: in ihre »Opfer« – ausgehungerte, verbrauchte Arbeiter, »Kriegskrüppel«, notleidende Kinder und Prostituierte – und ihre »Stützen« – Unternehmer, Industrielle und staatliche Ordnungsmacht. Die Hoffnung, soziale Ungerechtigkeiten nach der Revolution 1918/19 beseitigen zu können, erfüllte sich nicht. Das kapitalistische System schien durch seine Unfähigkeit zu grundlegenden und längerfristigen Reformen gescheitert, weshalb Heinrich Zille auch nach 1919 mit seiner Kritik an menschenunwürdigen Lebensverhältnissen, die seiner Meinung nach allein für das Verhalten der Menschen verantwortlich sind, nicht nachlässt. Am 8. Dezember schreibt er an seine Tochter: »(…) man muß zufrieden sein, wenn man gesund weiterlebt, ohne Verluste an Hab und Gut wird's nicht abgehen, dafür ist das Verbrechen des Krieges von Deutschland aus zu groß.« Zille macht die politische Entwicklung in der Nachkriegszeit skeptisch. Er rät seinem Sohn Hans pessimistisch, sich in Arbeit zu verkriechen, um sich so von der »Verbrecherkolonie« abzulenken. Sich mit der Kommunistischen Partei anzufreunden, wie so viele Kollegen seiner Zeit mit politischer Intention, kommt Zille allerdings nicht in den Sinn. Und auch der Gedanke, mit der Darstellung vom Elend und von der Unterdrückung der Arbeiter zur Herausbildung des revolutionären Klassenbewusstseins beizutragen und das niederträchtige System anzuprangern, widerspricht Zilles politischem Wesen.

Als am 9. Juni 1919 seine treusorgende Ehefrau Hulda an Herzversagen stirbt, wird Zille endgültig aus der Bahn geworfen. Verzweiflung und Resignation machen sich breit. Sein langjähriger Fels in der Brandung steht ihm nun nicht mehr zur Seite. Künftig muss Zille sich selbst versorgen oder sich fremde Hilfe holen. In den folgenden zehn Jahren bis zu seinem Tod fühlt sich der zunehmend misanthropisch auftretende Zeichner schwach und kränklich. Gicht an den Füßen, Herzprobleme und ein »springender Daumen« schränken ihn bei der Arbeit immer stärker ein. Obwohl nach außen hin erfolgreich und in der öffentlichen Wahrnehmung nach wie vor in der Rolle des Prominenten, gelingt ihm kaum noch Erwähnenswertes. In den späten Briefen Zilles klingt ein hypochondrischer Ton an, der die Einsamkeit eines alternden Künstlers ausdrückt, der unter dem Alleinsein leidet. In den letzten Lebensjahren kommt erschwerend eine Zuckererkrankung dazu, die erst im fortgeschrittenen Stadium festgestellt wird. Die verordneten Spritzen bringen wenig Linderung. Das geliebte deftige Essen, das nun häufig Zilles Schwiegertochter zubereitet, muss er reduzieren, auf Bier und Wein ganz verzichten. Nur ein Gläschen Kognak am Tag darf er noch zu sich nehmen. Davon lässt der Leidende jedoch freiwillig ab, da er Angst hat, in Versuchung zu geraten und mehr zu trinken, wenn die Flasche vor ihm auf

Modellpause

dem Tisch steht. Dafür konsumiert er mindestens ein halbes Dutzend Flaschen Fachinger Wasser am Tag, das er auf dem Balkon, seinem »Eiskeller«, lagert. Der übermäßige Wasserkonsum ist wohl eine Folge der fortgeschrittenen Diabetes. An Zilles Wohnungstür prangt über viele Jahre ein weißer Zettel, auf dem steht: »Bitte, keinen Besuch. Bin krank!« Damit möchte der Künstler unerwünschte Besucher davon abhalten, an seiner Wohnungstür zu klingeln. Seinem Biographen Ostwald gegenüber bemerkt er: »Ich wollte hinschreiben: Ich bin tot. Aber da sagte mir der Briefträger: ›Machen Se det nich – denn brechen se bei Ihnen ein.‹«

Das Geschäft mit »Vater Zille« floriert ab Mitte der 1920er Jahre, hat jedoch einen Preis: Zilles Kunst wird auf einen oberflächlich erscheinenden, derben »echt« Berliner Humor reduziert. Im Todesjahr seiner Frau, 1919, gelingt Zille mit dem Bildband »Zwanglose Geschichten und Bilder« eine wichtige Veröffentlichung. In dieser Publikation, in der er handgeschriebene pointierte Geschichten mit engagierten Zeichnungen kombiniert, tritt der enge Dialog von Kunst und Sprache im Schaffen des Künstlers besonders deutlich hervor. Ähnlich wie bei Wilhelm Busch oder auch Honoré Daumier greifen Wort und Bild ineinander. Zilles großartiges Talent als Prosaist entfaltet sich in den »Zwanglosen Geschichten« zur wahren Meisterschaft. Wegen der unverblümten Darstellung des Milieus und des stark erotischen Inhalts gerät der Bildband jedoch auf den Index und wird beschlagnahmt. Am 27. Oktober 1919 folgt der sogenannte Venuswagen- oder Gurlitt-Prozess vor dem Berliner Landgericht II. In den als »unzüchtig« beanstandeten Blättern erkennt der Staatsanwalt weder eine ausreichende künstlerische Notwendigkeit noch eine hinreichend ausgeprägte Qualität der Darstellung, als dass darüber das Sujet in den Hintergrund treten dürfe. Der Verleger Fritz Gurlitt erhält eine saftige Geldstrafe. Mehrere Blätter der Mappe dürfen nicht mehr publiziert werden. Vermutlich kann der Verlag die Strafe locker verschmerzen. Die hohen Auflagen, die Zilles Bildbände erreichen, und die öffentliche Aufmerksamkeit, die ein solcher Prozess verursacht, rechtfertigen die unvorhergesehenen

Kosten. Dass der Verleger nicht davor zurückschreckt, weitere Zille-Bücher herauszugeben, zeigt der umstrittene lithographische Zyklus »Hurengespräche«. Unter dem Titel »Hetärengespräche« bereits im Jahr 1919 angekündigt, erscheint das Buch 1921, ebenfalls bei Fritz Gurlitt. Diesmal sind sich Verlag und Autor über das Provokationspotential des Buches von Anfang an im Klaren. Wegen des pikanten Inhalts löscht Zille vorsichtshalber die Signaturen von den Lithographieplatten und veröffentlicht unter dem Pseudonym »W. Pfeifer« mit der falschen Jahreszahl 1913 und ohne Nennung des Verlags. Wie vorausgeahnt, bringen Zilles ungeschminkte Darstellungen von Prostitution und Pornographie die Sittenwächter der Stadt auf die Barrikaden. Da Zille das Thema aber ein echtes Anliegen ist und keineswegs nur ein Nebenprodukt seiner Produktivität darstellt, reagiert er gelassen auf die Kritik an der »üblen Lektüre«.

In »Hurengespräche« erzählen acht Prostituierte in ungeschminkter Offenheit von ihren Erlebnissen auf der Straße. Die Zeichnungen bilden Alma, Olga, Rosa, Pinselfrieda, Lutschliese und andere Dirnen teilweise freizügig in Aktion mit ihren Freiern ab. 1936 wird das Buch im »Kampfe gegen die öffentliche Sittlichkeit« von den Nationalsozialisten verboten. Dem Bekanntheitsgrad Zilles tut das keinen Abbruch. Im Gegenteil, der Reiz des Ungesetzlichen stachelt so manchen Leser an, sich mit den freizügigen Zeichnungen und scharfzüngigen Kommentaren des Künstlers näher zu beschäftigen. Allerdings werfen auch Intellektuelle wie die Schriftleiterin der Zeitschriften DEUTSCHE KUNSTKORRESPONDENZ und DEUTSCHE BILDKUNST, Bettina

Feistel-Rohmeder, einen intensiven Blick auf das Werk Zilles. Der Kunstwissenschaftler Pay Matthis Karstens stellt fest, dass Feistel-Rohmeder in den letzten Jahren der Weimarer Republik maßgeblichen Anteil an den Unterstellungen hatte, Zille diene dem volkstümlichen Geschmack und wolle sich »unter der Vorgabe des Mitgefühls« anbiedern (Karstens, 2012). In ihrer Hetzkampagne gegen den Künstler, die sie in zahlreiche Zeitungsartikel der Jahre 1927 bis 1933 verpackt, diffamiert sie den Zeichner als »Verherrlicher des Häßlichen und Gemeinen« und fordert kurz nach der Machtübernahme 1933, Zilles »Werke der Unkunst« aus den deutschen Museen entfernen zu lassen und als »Heizmaterial« für öffentliche Gebäude zu benutzen (Feistel-Rohmeder, 1933).

Zilles Eigenart, Wort und Zeichnung zu verquicken, ruft immer wieder Unverständnis und Kritik hervor. Übellaunig notiert er: »Die Leute sagen, wer unter seine Bilder was darunterschreibt, ist kein richtiger Künstler.« Zilles spezieller schwarzer Humor, ergänzt durch die beißenden Texte, macht aber gerade den Witz seiner Zeichnungen aus und verschafft ihm eine Art corporate identity. Die Veröffentlichungen in den satirischen Zeitschriften belegen allerdings, dass nicht alle Kommentare von ihm selbst verfasst sind. Häufig entstammen sie den Federn von Redakteuren, die ganz nach eigenen Vorlieben verschiedene Textvarianten einbauten.

Die wachsende Beliebtheit Zilles und seiner Kunst machen sich viele geschäftstüchtige Zeitgenossen zunutze. Die Vermarktung von Zilles Person kennt kaum Grenzen. Ob es sich um Pfefferkuchen-Figuren handelt, die wie die Protagonisten von Zilles Zeichnungen aussehen, oder die Eröffnung einer Zille-Kneipe – viele Geschäftsleute versuchen, den eigenen Gewinn auf diese Weise anzukurbeln. Der Berliner Tabakfabrikant Malzmann bringt sogar eine Zille-Zigarette auf den Markt. Der Zeichner höchstselbst liefert das passende Reklame-Bild und ulkt amüsiert: »Na, nu werd ick ja bald in aller Munde sein.«

Wenig verwunderlich also, dass aus der freundschaftlichen Verbindung Zilles zu den Wirtsleuten Karl und Lieschen Behre eine »Zille-Klause« hervorgeht. Besonders oft geht dort das Getränk »Kiwakosta« über den Tresen, eine beliebte hochprozentige Mischung aus Kirschwasser, Wachholder und Kognak, die Zille in jüngeren Jahren mit großem Genuss trank und nun entsprechend anpreist. Der Kneipengänger, dessen Bilder und Witze bis heute gerne als milieutypische Ausstattung in vielen Berliner Lokalen, Kaffeehäusern und Bierhallen an den Wänden hängen, inspiriert die Gastwirte zur Umgestaltung ihrer »Charlotten-Klause«. Sie bringen einen bunten Querschnitt von Zilles Werken als Dekoration an den Wänden an. Zille, der als Stammgast in der Charlottenstraße 46 ein und aus geht, unterstützt Karl und Lieschen Behre und bringt immer wieder neue Blätter als Geschenk. Bald gleicht die Kneipe nahe dem Boulevard Unter den Linden einem kleinen Privatmuseum. Als Zille einmal gefragt wird, ob er es nicht für unwürdig hält, sein Originale an verräucherte Gastwirtschaften zu geben, antwortet er: »Meine Bilder sollen in Kneipen und Kaschemmen hängen, denn da kommen die meisten nämlich her, und da sollen sie auch wieder hin. In't Lokal können die Menschen se wenigstens sehen, in die Museen geht ja doch keener.«

Nach und nach wächst die Kneipe mit über hundert Arbeiten in den Innenräumen zu einer echten Sehenswürdigkeit heran, die sich bei Berlinern und auswärtigen Gästen großer Beliebtheit erfreut. Etwas Besonderes stellen die zehn Fensterbilder der Kaschemme dar. »Das größte zeigte ein Selbstporträt des Künstlers; die neun anderen präsentierten die beliebten ›Zille-Typen‹: Arbeiterkinder, Straßenmusikanten usw.«, recherchierte der Kunsthistoriker Pay Matthis Karstens und merkt an, dass die fragilen Glasbilder erst im Februar 1943 abgehängt und in Sicherheit gebracht wurden. Somit fielen sie dem massiven Bombenangriff auf Berlin neun Monate später nicht zum Opfer, der die originelle Kneipe bedauerlicherweise komplett zerstörte. Karl Behres Stiefsohn und Erbe Erwin Wollweber, der mit den geretteten Werken in der Nachkriegszeit in Spanien lebte, verkaufte die umfangreiche Kollektion aus ca. 107 Bildern später zurück in die Heimat. 1968 gelangte die Sammlung auf Vermittlung eines Berliner Kunsthändlers in den Besitz des Zeitungsverlegers Axel Springer. Der Ankauf bildete den Grundstock dessen umfangreicher Zille-Sammlung. Heute befinden sich zwei originale Fensterbilder der zerstörten Kneipe im Besitz des Stadtmuseums Berlin und gelten als seltene, echte Glanzstücke aus Zilles Händen.

Aufgrund seines enormen Bekanntheitsgrades nach dem Ersten Weltkrieg umschmeichelt und hofiert, gibt Zille manch fragwürdiger Versuchung nach. Er dient als Werbeträger und gilt in den Massenmedien als Sprachrohr der unteren gesellschaftlichen Schichten. Gerne schmücken sich Gesellschaften und Unternehmen mit seiner prominenten Person. Zilles Anwesenheit garniert manche fröhliche Festivität. »Es gehört zu den Widersprüchen in seiner künstlerischen Biographie, dass er diese Seite seiner Popularität genau reflektiert, sich ihr aber trotzdem nicht entziehen will. Erst gegen Ende seines Lebens, alt und krank und schon ein wenig misanthropisch, wird er die Tür hinter sich abschließen, indes draußen der Wirbel um ihn weitergeht«, schreibt Matthias Flügge über den Sozialaufsteiger, der sich kokett mit dem Satz zitieren lässt: »Es tut weh, wenn man den Ernst als Witz verkaufen muß.«

Anfang 1925 erscheinen in den Zeitungen die Ankündigungen für den ersten »Hofball bei Zille« im prunkvollen Preußischen Staatstheater am Gendarmenmarkt. Eine Idee, die Zille als Wohltätigkeitsveranstaltung für die Armen verkauft wird und der er zunächst wohlwollend, wenn auch recht naiv zustimmt. Der Eintrittspreis von fünfzig Mark hätte ihn stutzig machen müssen. Zunächst angeblich nicht ahnend, dass es betuchten Bürgern und Bohemiens jenseits von Zilles Sozialkritik lediglich um die Feierei und nächtliches Verkleidungsvergnügen im Kostüm der besonderen Art geht, distanziert sich die Hauptperson schnell von dem Spektakel. »(...) da es ausschließlich ein Spaß der Grunewald-Snobs war, die für eine Nacht Bettler, Nutte oder Ganove spielen wollten«, wendet sich Zille immer stärker von der »Champagnerpropaganda« ab (Ostwald, 1929). Seinen eigentlichen Plan, ein Volksfest auszurichten, auf dem sich die unterschiedlichsten Menschen »in der Freude des Lachens über das ernste Leben sich helfend finden sollten« (Ostwald/Zille,

1930), sieht er als gescheitert an, ist aber schon zu erschöpft, um etwas dagegen zu unternehmen.

Die insgesamt fünf Hofbälle bedeuten für ihren gesundheitlich angeschlagenen Gastgeber massiven Stress: Keine fünf Schritte kann er gehen, ohne angesprochen zu werden. Der eine fordert Lob fürs Kostüm, der Nächste versucht ihn zum Mitmachen oder zum Plaudern zu animieren. Sein Biograph Danke beobachtet ihn mitleidig: »Ein paar fürchterliche Paukenschläge – und eine ›Zille-Kinder-Polonaise‹ wälzt sich wie 'n Lindwurm durch die Räume. Eine Fidelitas sondergleichen greift um sich. Berliner Karneval!« Wiederholt findet sich Zille in der undankbaren Rolle des Autogrammschreibers wieder. Gutmütig und jedem gegenüber verbindlich, sitzt er geduldig im hintersten Winkel des dunklen Kellers, um auf Papptellern und durchweichten Bieruntersetzern die unersättliche Nachfrage zu befriedigen. Zunehmend kraftlos, zusammengekauert und mit kalter Zigarre im Mundwinkel, malt er mit roten Augen seinen Namen. Die vergnüglichen Bälle stehen in starkem Kontrast zu seinem Befinden, das seit Mitte der 1920er Jahre von Einsamkeit, Melancholie und körperlichen Beschwerden geprägt ist. An die Redakteurin der LUSTIGEN BLÄTTER schreibt der Meister des schriftlichen Ausdrucks 1928: »Ich werde immer weniger, schlafe bis 11 und 12 Uhr, bin in ärztlicher Behandlung, habe Zucker und Eiweiß. Da ich nun nicht weiß, was das bei mir für ein Handelsprodukt werden wird, so schreibe ich ihnen die Zeilen: Vorläufig ist nichts Gesundes von mir zu erwarten –. Es ist mir auch egal, kann nicht mehr Treppen laufen, müde – müde (...).

Es ist mir eigentlich unerwartet gekommen, ich hoffte aufs Frühjahr und nu fegt es mich weg. Ich sehe, daß sie neue Zeichner haben, also keine Angst ausstehen – ich wünsche dem Blatt alles Gute ...« Melancholisch beschreibt Zille auch seinem Sohn Hans am 30. April 1928 seine trostlose Situation: »Ich laß mich nirgends hinholen, leb in meiner Stube mit meinen vier Piepmätzen. Die so wie so verständig – wenn ich bis 1 Uhr liege, schweigen sie auch – nur der Straßenlärm – das Haus wackelt unausgesetzt. Mir fällt schreiben schwer, vor allem Trauriges. Es gehen jetzt so viele von mir. Die es noch gar nicht nötig haben, jünger sind, daß ich mich wundere, warum sie mich nicht mitnehmen.« (zitiert nach Ostwald/Zille, 1930)

Ähnlich wie die Organisatoren der zweifelhaften Hofbälle nutzen eine Reihe von Filmgesellschaften Zilles Konjunktur aus. In kitschigen Produktionen dient das Zille'sche »Milljöh« als exotische Kulisse für den Kommerz. Von wenigen Ausnahmen abgesehen – wie Gerhard Lamprechts Film »Die Verrufenen (Der fünfte Stand)« von 1925 und »Mutter Krausens Fahrt ins Glück« (1929) von Phil Jutzi, der als erster bedeutsamer »proletarischer Stummfilm« in die deutsche Filmkunst eingeht –, gelten die Streifen als inakzeptable Werke. Sie dienen wohl eher dem schnellen Gelderwerb als der Umsetzung künstlerischer Ansprüche. Und ähnlich wie bei den Bällen fühlt sich Heinrich Zille ausgebeutet und übergangen. Die Geschäfte erwirtschaftet man zwar mit seinem Namen, um Erlaubnis gefragt und am Gewinn beteiligt wird er hingegen selten. Dass er viel mit sich machen lässt und so wenig protestiert, muss an seinem geschwächten Zustand gelegen haben, der

Titelblatt der ersten Ausgabe von »Kinder der Straße«,
Berlin 1908

ihm nicht mehr erlaubte, energisch aufzutreten und
die eigenen Interessen konsequent zu vertreten. Als
1929 das als größter »Zille-Milieu-Film« angekündigte
Flimmerwerk »Großstadtkinder« auf die Kinoleinwand
kommt, ist er zu schwach und zu krank, um sich gegen
die nichtautorisierte Ausstrahlung zu wehren. Gegenüber seinem Biographen Ostwald äußert er resigniert:
»Mich haben se alle ausgeplündert!«

Eine Abwechslung vom Alltag und eine interessante
Erfahrung im Leben des kränkelnden Zeichners bildet

ein Auftritt als Schauspieler im bereits erwähnten Film »Die Verrufenen« im Jahr 1925. Für 3000 Reichsmark sichert sich die National-Film AG die Rechte an dem Werk und die Zusage für den kurzen Gastauftritt. Der junge Regisseur Gerhard Lamprecht und die Drehbuchautorin Luise Heilborn-Körbitz, die Schwester von Zilles Freund Adolf Heilborn, entwickeln unter Mitwirkung Zilles über Wochen ein Drehbuch, das auf Jahrzehnten zurückliegenden Erlebnissen des Künstlers beruht. Begegnungen und Besonderheiten aus dem Wirtshaus »Nußbaum« mit seinen Stammgästen und aus der »Palme«, dem Berliner Asyl für Obdachlose, bilden die Grundlage. Die Filmleute verquicken geschickt weitere Schicksale und Geheimnisse der Berliner Hinterhöfe und Mansarden zu einer tragisch anrührenden Handlung, »die nun gleichnishaft von Zilles Staffelei zu seinem dunklen Herkunftsort zurückkehrte« (Danke, 1928). Die Schauplätze bauen die Kulissenbauer im Studio nach. Als Zille das unbefriedigende Ergebnis in Augenschein nimmt, legt er spontan selbst Hand mit an, um die Szenerie nach seinen Vorstellungen zu gestalten. »Einmal war ick draußen in der Filmstadt, als die Destille jekurblt wurde. Na da hab' ick ihnen erst mal 'ne richtije Kneipe uffbauen müssen. Se hatten's sich nämlich sehr einfach jemacht. Flaschen, Jläser, Plakate – det wird alles vom Verleiher zusammenjepumpt und lieblos hinjepflastert. Nee – hab' ick jesacht – so jeht det nich. So 'ne Wand mit den wahllos hingeklecksten Zetteln und Bildern entsteht doch nich von heute uff morjen. Sowat muß wachsen. Und denn sah't ooch jleich anders aus.«

Zille quält der Gedanke, dass die dreißig bis vierzig

Bewohner aus dem Obdachlosenasyl, die man extra als Komparsen zum Filmset karrt, sich beleidigt oder herabgewürdigt fühlen könnten. Nur die Tatsache, dass die Dreharbeiten für die Männer eine Abwechslung von ihrem tristen Alltag bedeuten und außerdem Bataillone von »Jetränken« bereitstehen und ein kleiner Obolus als Aufwandsentschädigung herausspringt, beruhigt sein schlechtes Gewissen. Zum Zerwürfnis zwischen Zille und der Filmgesellschaft führt um ein Haar der Titel des Streifens. Ursprünglich sollte er »Der fünfte Stand« lauten, doch zum Ärger Zilles wandelt die Produktionsfirma ihn in »Die Verrufenen« um. Nach aufreibenden Diskussionen einigt man sich schließlich auf einen Kompromiss: Der Film erhält den Doppeltitel »Die Verrufenen (Der fünfte Stand)«. Am 28. August 1925 findet die Uraufführung in gleich zwei Filmtheatern statt: im Tauentzienpalast in der Nürnberger Straße und im Ufa-Theater in der Turmstraße. Die Premiere gerät zum politisch-gesellschaftlichen Ereignis mit zahlreichen prominenten Zuschauern. Unter den Ehrengästen befinden sich der preußische Innenminister Carl Wilhem Severing, der Oberbürgermeister von Berlin Gustav Böß, der Berliner Polizeidirektor und die Direktoren der Berliner Gefängnisse. Professor Heinrich Zille genießt die Erstaufführung in einer Ehrenloge und zelebriert diesen besonderen Tag auf seine eigene Weise. Er lässt sich von einem Chauffeur zum roten Teppich kutschieren und leistet sich davor »ein paar einsame Feierstunden persönlicher Art« (Danke, 1928). Stundenlang lässt er sich auf einer Spazierfahrt durch die Straßen der Stadt chauffieren, ganz langsam bis nach Spandau, um sich die »ollen« Häuser anzugucken und in nostalgischen Erinnerungen zu schwelgen. Eine kleine Stärkung zwischendurch, von der auch der Chauffeur nicht ausgenommen ist, gehört selbstverständlich zum Ausflugsprogramm dazu.

Claire Waldoff eröffnet den Premierenabend im Moabiter Kinosaal stimmungsvoll mit Berliner Chansons. Beendet wird die glanzvolle Filmvorführung unter tosendem Applaus. Minutenlange Beifallsstürme und ein begeistertes Publikum hindern den Star des Abends am Verlassen seiner Ehrenloge. Es bedarf des Einschreitens der Schutzpolizei, um Zilles Wagen freie Fahrt zu verschaffen. Im Vorraum staut sich bereits eine Menschenmenge, die auf die zweite Vorführung wartet und die Glastüren eindrückt. An diesem Tag verhaftet die Polizei im Theater außerdem fünfzehn Schwarzhändler mit gefälschten Billetts.

Entgegen Zilles anfänglichen Zweifeln gelingt dem Film der große Durchbruch. Regisseur Lamprecht und sein Kameramann Hasselmann haben handwerklich ganze Arbeit geleistet und vermitteln in ihrem Werk eine authentische Atmosphäre. Selbst die Kritik spart nicht mit Lob über den hohen Realitätsgehalt der Handlung: »Selten bei einem Film hat man das Leben so wenig vom grünen Tisch aus für die Linse präpariert. – So stark ist hier die Naturechtheit Wertmesser, daß einen selbst die Schauspielergesichter stören, diese geglätteten, vom Ausdruckstraining abgeschliffenen Züge«, schreibt der Kritiker Hans Reimann in der Zeitschrift STACHELSCHWEIN. Äußerst skeptisch äußert sich nur Otto Steinicke von der ROTEN FAHNE, der den Film als bürgerlichen Kitsch bezeichnet, da er sich nicht mit der Klassenfrage beschäftige (beide zitiert nach Ostwald/

136

Zille, 1930). Vier Jahre später kommt er mit »Mutter Krausens Fahrt ins Glück« ganz auf seine Kosten.

Nach dem durchschlagenden Erfolg kann sich Zille vor Anfragen kaum retten. Man drängt ihn, in weitere Filmprojekte einzuwilligen, um möglichst viel Profit aus seiner Popularität zu ziehen. Die Gunst der Stunde will genutzt sein. 1926 erscheint mit »Die da unten« der nächste Streifen. Sehr zu Zilles Verdruss ohne seine Einwilligung. »Ein paar von den Fritzen hab ick schließlich doch uff Unterlassung verklagen müssen: die ›Zille-Filme‹ jingen mir denn doch über die Hutschnur!«, klagt er verärgert. Seinen Widerstand gibt er resigniert auf, als Luise Heilborn-Körbitz, die Drehbuchautorin des ersten Films, ihn erneut wegen eines Vorhabens anspricht. Sie schafft es, Zille 1927 zu dem Film »Schwere Jungen – leichte Mädchen« von Carl Boese zu überreden. Zwei Jahre später folgt, von Zille nicht genehmigt, »Großstadtkinder« (Regie: Arthur Haase). Beide Filme sind nicht erhalten, lassen aber aufgrund der Kritiken den Rückschluss zu, dass sie mit Zille und seiner Kunst herzlich wenig zu tun hatten.

Anders verhält es sich mit Phil Jutzis Produktion »Mutter Krausens Fahrt ins Glück«, die zwar als eine der ersten in der Weimarer Republik das Prädikat »künstlerisch wertvoll« erhält, aber nicht als »Zille-Film« bezeichnet werden kann. Das in seiner Gestaltung stark von Sergei Eisensteins »Panzerkreuzer Potemkin« beeinflusste Werk wird erst nach Zilles Tod fertiggestellt und mit dem Vorspann »Dem großen Menschen und Künstler Heinrich Zille gewidmet« im Kurfürstendamm-Kino Alhambra 1929 uraufgeführt. Familie Zille distanzierte sich von dem ersten bedeutsamen sozialistischen Film deutschen Ursprungs, an dessen Entstehung der Maler Otto Nagel nicht unwesentlich mitgewirkt hatte und der unter dem Protektorat von Käthe Kollwitz und Hans Baluschek stand. Prägend wirkte die Produktionsgesellschaft Prometheus, die 1925/26 mit dem Ziel gestartet war, dem deutschen Publikum die großen russischen Filme näherzubringen und eigene sozialistische Werke zu drehen. »Mutter Krausens Fahrt ins Glück«, die vielbeachtete Milieuschilderung aus dem »roten« Wedding, dokumentiert die Resignation einer Proletarierfrau, die der »Welt der Geknechteten und Versklavten« in der schattigen Hinterhofatmosphäre der trostlosen Mietskaserne nur durch Suizid zu entkommen vermag. Die zentrale Szene des Films stellt eine Arbeiterdemonstration dar. Sie wurde von den Kinobetreibern aus Angst vor Scherereien häufig eigenmächtig verfremdet oder weggelassen. Den rechten Stimmen war der Streifen ein Dorn im Auge, sie verurteilten ihn als »kommunistischen Propagandafilm«. Die Kameraführung und der Schnitt sind selbst heute noch wirkungsvoll und unterstreichen den historischen Beitrag des Werks zur deutschen Filmkunst. 1933 verboten die Nationalsozialisten den Film, und sämtliche Kopien wurden vernichtet – bis auf eine einzige, die nach dem Krieg ausgerechnet Otto Nagel zufällig in Amsterdam entdeckte. Nach einer musikalischen Bearbeitung durch die DEFA 1956 wurde der Film wieder ausgestrahlt. Rückblickend stellt er nach der Verflachung vieler Zille-Produktionen einen angemessenen Abschluss der Publikumserfolge dar, die mit den ersten Zille-Filmen erzielt wurden.

In den letzten Lebensjahren des Künstlers macht sich trotz seiner enormen Beliebtheit und der großflächigen Vermarktung die Einsamkeit breit. Nur widerstrebend hält sich Zille an die Diätvorschriften und Ratschläge seiner Ärzte, widerwillig erfüllt er seine gesellschaftlichen Verpflichtungen. Finanziell geht es ihm gut. Über einen Mangel an Aufmerksamkeit kann sich der Zeichner nach dem Erscheinen zahlreicher Publikationen nicht beklagen. Von 1924 bis 1927 bringt der Dresdner Carl Reissner Verlag, in aufreibender Zusammenarbeit mit ihm, jährlich einen neuen Bildband heraus. Im Verlag von Fritz Gurlitt erscheint nach den autobiographischen »Zwanglosen Geschichten und Bildern« und »Die Landpartie« der Bildband »Komm, Karlineken, komm« (1924) mit illustrierten Kinderreimen. Der Eysler Verlag veröffentlicht in der verbleibenden Zeit bis zu seinem Tod die Bände »Rund ums Freibad« (1926) und »Vier Lebensalter« (1928) mit Jugenderinnerungen des Meisters, die überwiegend mit Zeichnungen aus früheren Jahren illustriert sind.

Zudringliche Besucher und Bittsteller versuchen nun häufiger, Zilles Gunst zu erwerben, und lassen den kranken, missgelaunten Künstler nicht zur Ruhe kommen. Man erlebt den Meister häufig ermüdet und abgespannt. 1924 schreibt Zille an seine langjährige Betreuerin und Lektorin Käthe Mehlitz im Eysler Verlag einen bitteren Brief, in dem seine melancholische Stimmung deutlich zum Ausdruck kommt: »Da knüpf' ich nun gleich an, daß meine Tätigkeit in puncto Zeichnen sehr wenig ist. Ich hab' den besten Willen, habe auch viel Motive, die alle gut zu gebrauchen sind und jederzeit können eingeschaltet werden – aber ich arbeite wie ein Doktor mit vier Stunden Dienst – und was dann bei einem Heimarbeiter herauskommt, der noch mit dringlicher Langsamkeit gesegnet ist – das können sie sich lebhaft ausmalen. (…) hatte in der Akademie 'ne kleinen Einnahme, die mir unter Umständen einen besseren Sarg gestattet (wenn mich meine Erben nicht betrügen) und segle so unter günstigem Wind dem Hafen der Sozial-Rentner zu – gezogener Hut, rechte Hand dem Publikum entgegen. (…) Also ich kann nichts geben – bin arm. Ärger und Sorgen verschiedener Art drücken mich. Ich werde wer weiß wo eingeladen – schreibe ab – werde besucht – lass' mich verleugnen, verkriech mich – will arbeiten – und immer schwerer wird's. (…) Nun wünsch ich Ihnen alles Gute, wir sind ein kleines Menschenleben Weggenossen.« (zitiert nach Flügge/Winzen, 2013)

»Seine beiden Stuben aber gleichen einem Sieb, in dem hundert kleine Eigentümlichkeiten hängengeblieben sind. Jede Wandseite hat ihre besonderen Wunderlichkeiten und ihre Geschichte (…)«, notiert der Lehrer und Autor Rudolf Danke, der Zille mehrfach besucht und aus den Gesprächen mit ihm, gegen seinen Willen, ein Buch im selbstgebastelten Berliner Jargon veröffentlicht. Zille verfügt über kein eigenes Atelier in seiner Wohnung. Zeichnet er in den frühen Jahren im Schlafzimmer, verlegt er seinen Arbeitsplatz später in die Wohnstube. Hier gruppiert sich an den Wänden eine Galerie aus älteren Arbeiten, darunter das große »Ephraimsche Palais«, »Weihnachtsmarkt an der Petrikirche« und »Plünderungsszene in der Markthalle« – alles Museumsstücke, die schon auf Ausstellungen Bewunderer gefunden hatten. In den Untiefen

Feierabend

seines Schreibtisches verwahrt Zille dreißig bis vierzig
Jahre zurückreichende Skizzenblöcke. Die Schränke
enthalten die Chronik eines Jahrhunderts in Form von
Dokumenten, Zeitungsausschnitten und Zeichnungen
verehrter Künstler. Heinrich Zille versteht sich als
Sammler. Er ist keiner, der gerne ausrangiert oder weg-
gibt. Von seiner bibliophilen Seite und Leseleidenschaft
zeugt eine umfangreiche Büchersammlung. Das Gebiet
der Kriminalistik ist mit Titeln zur Blutschande bis hin
zum Gattenmord umfangreich vertreten. Im Bücher-
schrank finden sich außerdem die kompletten gebun-
denen Jahrgänge der Zeitschriften SIMPLICISSIMUS und
JUGEND. Spezielle Dekorationen verzieren Zilles Mö-
bel: kleine Figuren, Skulpturen, Nippes und Vasen. Ob
Zille tatsächlich den Wunsch nach einem eigenen Haus
im Grünen verspürte, wie manche Quellen behaupten,
bleibt zweifelhaft. Die Kraft, eine solche Idee in die Tat

umzusetzen, hatte er jedenfalls in den späteren Jahren nicht mehr.

Seit dem Tod seiner Ehefrau Hulda teilt Heinrich Zille die mit Kuriositäten, Bildern und Büchern vollgestopfte Wohnung mit seinem Sohn Walter und dessen Frau Anna, die sich aufopfernd um den kranken Schwiegervater kümmert. Als die junge Frau an Schwindsucht erkrankt, schickt Zille sie besorgt nach Arosa zur Kur. Den frühen Tod mit nur 36 Jahren, nur ein paar Monate nach dem Tod des Schwiegervaters 1929, kann der Erholungsaufenthalt nicht mehr verhindern.

Wenig Bedeutendes produziert der Zeichner in den letzten Schaffensjahren. Er greift überwiegend auf seine umfangreiche Sammlung alter Vorlagen zurück. In Briefen aus dieser Zeit äußert er sich ausgiebig über Krankheiten, Mühen und die Sehnsucht nach Vergangenem. Auffallend wenig berichtet er von seiner Arbeit. Heinrich Zille kommt routiniert seinen Verpflichtungen nach, darüber hinaus ist nicht mehr viel von ihm zu erwarten. Er liefert Beiträge an Redaktionen, erledigt Werbe- und Plakataufträge, beteiligt sich an Ausstellungen und arbeitet die Wünsche von Sammlern ab. Zwanglose, spontane Beobachtungen auf der Straße finden nur noch sporadisch statt. Ein besonderes Interesse hegt Zille gegen Ende seines Lebens für erotische und pornographische Darstellungen, die er dann und wann anfertigt. Die Blätter überlässt er überwiegend Freunden oder privaten Sammlern, er veröffentlicht sie nicht offiziell. Das ist wohl auch der Grund, warum diese Seite seines Schaffens kaum bekannt ist und die pikanten Abbildungen in der gängigen Wahrnehmung Zilles kaum zum Tragen kommen. 1925 führt sein freizügiger Zeichenstil allerdings zu einem Prozess in Stuttgart. Einige Herren der Stuttgarter Gesellschaft stören sich an der im Simplicissimus erschienenen Lithographie »Modellpause«. Sie verurteilen die Abbildung von acht weiblichen Akten in einer Ateliersituation als »Pornographie«. Mit der Beanstandung dieser Zeichnung statuiert die Stuttgarter Justiz ein Exempel staatlicher Zensurgewalt, die Zilles kontroverse Stellung in der Weimarer Republik anschaulich belegt. »Von reaktionären Kreisen wurden sie (Zilles Bilder) als Negativfolie zur Definition ›sittlicher‹ Kunstideale instrumentalisiert, von linkspolitischen Positionen als populäre Beispiele für die Forderung nach künstlerischer – als auch politischer – Freiheit angeführt.« (Karstens, 2012) Trotz der Fürsprache und der Gutachten einflussreicher Künstlerkollegen wie Max Liebermann, Max Slevogt und Franz von Stuck fordert man den Angeklagten auf, die Druckplatten mit der Gruppe der acht nackten Frauen zu zerstören. Als Zille sich weigert, erhebt man Anklage. In der Gerichtsverhandlung verurteilt ihn der Richter zu einer Geldstrafe von 150 Reichsmark. Zilles Reaktion auf das Urteil gipfelt in einer neuen Lithographie mit den gleichen Modellen. Nur präsentiert er die Mädchen diesmal angezogen. Als Kommentar notiert er sarkastisch darunter: »Der Staatanwalt kann uns – nichts mehr anhaben. Jetzt haben wir genug an.«

Kurz vor seinem siebzigsten Geburtstag beschreibt Zille seinen Gemütszustand in der für ihn typischen selbstironischen Art: »Ich bin sehr herunter, wenn ich auch hoch wohne, schlafe ¾ Tag – Vorübung für immer. Wir sprechen uns mal, wenn ich's Bett verkauft habe (…).« Oder: »Bin durch Herbst und körperliches Unbehagen grau in grau und will zufrieden sein, wenn sich noch mal ein frisches, farbiges Leben bei mir entwickelt.« Zu seiner alten Form findet er nicht mehr zurück, zu sehr machen ihm die körperlichen Beschwerden zu schaffen.

An seinem siebzigsten Geburtstag, dem 10. Januar 1928, erfährt Meister Zille triumphale Anerkennung. Er ist auf dem Zenit seiner Popularität angekommen. Ihm zu Ehren finden zahlreiche Feierlichkeiten statt. Zilles Wohnung ist übersät von Blumen, Torten, Präsentkörben, Zigarren und Bergen von Glückwunschkarten, die sich auf den Stühlen stapeln. In seiner trockenen Art bemerkt der Jubilar scherzend: »Bin jetzt schon krank. Werde die Tür zunageln. Habe soviel wie möglich verkündet: Ruhe – Ruhe will ich – will nich durch Liebkosungen sterben.« Der Höhepunkt des Tages ist die Geburtstagsfeier in der »Zille-Klause« mit Freunden und Schauspielern. Musik, Gesang und Gratulanten bestimmen den Abend, der kein Ende nehmen möchte. Zilles enge Weggefährtin Claire Waldoff textet eigens für den Freund ihr bekanntes Lied »Hermann heeßt er« in »Heinrich heeßt er« um. Es endet nun mit den launigen Strophen:

Er der siebzig nun geworden,
braucht nicht Titel,
braucht nicht Orden,
denn er bleibt uns auch so der Meester,
Heinrich heeßt er.

144

Launig erklärt Zille seinen Gästen zur Begrüßung: »Ick hatt mir schon 'n Sarch bestellt, aber ick hab' 'n wieder verkooft. Jestern war 'n Vertreter von Kaffee Haag mit 'ner Jeburtstagspackung bei mir. Is schön, hab ick dem Mann jesacht – der andere behagte mir ooch schon nich mehr.« Dass er tatsächlich nicht mehr lange zu leben hat, ist ihm an diesem Ehrentag vermutlich bewusst.

Im Monat seines runden Geburtstags veranstaltet das Märkische Museum unter dem Titel »Zilles Werdegang« eine umfangreiche Retrospektive. »Muß ich da nicht glücklich sein, daß noch vor meinem Tod die Ehrung kommt?«, schreibt der angeschlagene Künstler vorausschauend an zwei alte Freundinnen aus Jugendtagen. Die ungewöhnlich erfolgreiche Ausstellung – drei Monate lang kommen angeblich bis zu 1500 Besucher am Tag – lockt alle Schichten der Gesellschaft in die Hallen des Museums. Bald spricht der Direktor des Hauses, Walter Stengel, ironisch von einem »Frontalangriff auf das Museum aus dem Wedding«. Ein Konvolut von Arbeiten, die das Museum dem Jubilar anlässlich der Ausstellung abkauft, geht bedauerlicherweise im Zweiten Weltkrieg durch die Auslagerung nahezu vollständig verloren.

Selbstbildnis

Nach dem Tode:
Ein bekannter Unbekannter in der Kunst

Nach seinem siebzigsten Geburtstag kann Zille seine Popularität nicht mehr lange auskosten. Er wird immer schwächer. Das Erstarken der nationalistischen Kräfte in Deutschland verleitet den körperlich eingeschränkten, aber geistig wachen und politisch immer noch interessierten Künstler zu letzten Engagements. Dem »republikanischen Witzblatt« LACHEN LINKS gestattet er den Abdruck einiger Zeichnungen. Auf Drängen des Kollegen Otto Nagel firmiert Zille außerdem als Mitbegründer der satirischen Zeitschrift EULENSPIEGEL, um dem Magazin mit seinem bekannten Namen einen seriösen Anstrich zu verschaffen. Er selbst ist bereits zu krank für eine aktive Redaktionsmitarbeit. Honorarabrechnungen und die Rückgabe von entliehenen Zeichnungen überwacht er allerdings bis zuletzt akribisch.

Einem ersten Schlaganfall am 26. Februar 1929 folgt am 4. Mai der zweite. Zunehmend verschlechtert sich Zilles Gesundheitszustand, bis der Künstler am 9. August, morgens gegen 6 Uhr, in seiner Charlottenburger Wohnung endgültig die Augen schließt. »Bis er zum letzten Male schlief, war er bei klarem Bewußtsein. Er wußte alles, er erkannte alle, und zuletzt spürte er wohl auch, daß die Uhr ablief. Er verstand uns, aber wir ihn nur schwer. Seine Zunge war gelähmt, er konnte nur stammeln. Wie er nun daliegt, hat sein Gesicht sich sehr verändert. Es ist nicht wie so oft, wenn Tote nur zu schlafen scheinen. Nein, dies sehr eingefallene Antlitz, diese sehr matten Muskeln haben, wenn auch noch jeder Zug da ist, jede Linie, jedes Härchen, eben das eine verloren: das Leben Heinrich Zilles«, beschreibt sein Sohn Hans den Anblick des Toten (Ostwald/Zille, 1930).

Am 13. August 1929 findet auf dem Stahnsdorfer Waldfriedhof die Beerdigung des Künstlers »mit dem Herz für kleine Leute« statt. Auf Beschluss des Magistrats von Berlin erhält Heinrich Zille ein Ehrenbegräbnis, an dem über zweitausend Menschen teilnehmen. Ein schlichtes Schild und ein Stein weisen den Trauergästen den Weg »zu Zille«. Die Grabreden halten sein langjähriger Freund August Kraus, der ihm zuvor eine Totenmaske abgenommen hat, sein Freund und Arzt Adolf Heilborn, der Dichter Georg Engel und der Oberbürgermeister Gustav Böß. Unter den Trauergästen befinden sich viele bekannte Schauspieler, Maler und Schriftsteller wie die Weggefährten Käthe Kollwitz und Erich Mühsam. »Doch die meisten Menschen kamen aus ihren Kleinwohnungen und Kellerbehausungen des Ostens, so wie sie zu Zille kamen, als er noch lebte – mit kleinem schlichtem Blumensträußchen in der Hand«, berichtet der Nachlassverwalter Erich Kranz bewegt (Kranz/Tschechne, 1975).

Laut den Aussagen einzelner Trauergäste gerät die Feier zur politischen Veranstaltung. Vertreter verschiedener Gruppierungen schrecken nicht davor zurück, den verstorbenen Künstler am offenen Grabe für ihre Ziele zu vereinnahmen. Grotesk bei einem

Menschen, der stets Wert darauf gelegt hat, durch seine künstlerische Sozialkritik zwar politisch zu wirken, sich aber auf keinen Fall von einer Partei vereinnahmen zu lassen. »An der Eingangspforte des schönsten Friedhofes Berlins standen vor Beginn der Trauerfeier eine Menge roter Fahnen, von Abordnungen begleitet, die in Kniehosen, offenen Hemden und Schirmmützen erschienen waren. Kaum ein Mensch in Trauerkleidung!«, beschreibt eine anwesende Berlinerin die unruhige Atmosphäre. Die Trauerfeier gipfelt in einer politischen Hetzrede eines Reichstagsabgeordneten der Kommunistischen Partei. Die Anwesenden trauen ihren Ohren kaum, als eine wüste Beschimpfung auf bürgerliche Parteien erfolgt und »die offiziellen Vertreter der Behörden sogar grob beleidigt wurden. Viele entfernten sich denn auch, andere aus dem verblüfften bürgerlichen Trauergefolge wirkten beruhigend ein. Aber die Weihestunde war gestört. Der Rest war Bitterkeit. Die Worte Dreck und Mörder und Haß und Revolution waren gefallen und hinterließen einen grausigen Eindruck. Man stellte Kinder am Grabe auf. Eins von ihnen musste sagen: ›Ich stehe hier als Vertreter der politischen Gefangenen.‹ Ein anderes: ›Ich vertrete die Kinder des Weddings‹, die Zille fragen läßt: ›Mutter, gibt es wirklich Menschen, die jeden Tag warmes Essen haben‹«, konnte man in der Zeitschrift DIE WAHRHEIT lesen (ZITIERT NACH KARSTENS, 2012).

Informationen über das Erbe Heinrich Zilles sind wenig konkret. Als gesichert darf gelten, dass die drei Kinder Margarete, Hans und Walter je vierzigtausend Mark in bar erhalten. Unsignierte Arbeiten werden mit einem roten Nachlassstempel versehen, unter den

Geschwistern aufgeteilt und teilweise dem Märkischen Museum als Leihgabe übergeben. Da der Stempel jedoch nicht vernichtet wird und zahlreiche Zeichnungen über die Söhne den Handel erreichen, darf die Echtheit mancher Abbildungen zumindest in Frage gestellt werden. Zumal Zilles Sohn Walter, der den kurvig gleitenden Strich des Vaters beherrscht, laut Lothar Fischer wegen seiner Alkoholsucht oft in finanzielle Nöte gerät: »Wenn er nach einer Zechtour ohne Geld nach Hause kam, ging er in die Wohnung und bezahlte den Taxifahrer mit einer Zeichnung. Walter war der perfekteste Fälscher der Arbeiten seines Vaters. Schon zu dessen Lebzeiten übte er die Unterschrift.«

Der Tumult am Grab des Künstlers ist bezeichnend. Polarisierte Zille schon zu Lebzeiten, verstummen die Streitigkeiten um die Interpretation seiner Person auch nach seinem Tod erst recht nicht. »Einerseits wurde der Zeichner u. a. von linkspolitischer Seite als ›Vater Zille‹ zum künstlerischen – und kommunistischen – Fürsprecher des Berliner Proletariats erhoben. Andererseits wurde er, zumeist von rechtskonservativen Kreisen, als pornografischer Witzblattzeichner verspottet und für den Verfall moralischer und gesellschaftlicher Werte mitverantwortlich gemacht. Durch diese gegensätzlichen Rezeptionszugriffe wurde der Künstler zu einer politischen Projektionsfläche. Politische Feindbilder und Ideale wurden auf ihn und sein Werk projiziert.« (Karstens, 2012) Es ist offensichtlich, dass der sozialpolitische Künstler, als den man Zille neutral bezeichnen darf, mit der Arbeiterklasse sympathisierte, wenn er sich auch nie von der SPD oder der KPD vereinnahmen ließ. Diskret unterstützte er finanziell unter anderem die »Rote Hilfe«, eine KPD-nahe politische Hilfsorganisation, die sich um die Amnestie politischer Gefangener und für die Freiheit der Kunst einsetzte. In einem Parteibuch möchte Zille seinen Namen aber nicht finden. Er sah sich selbst als Gesellschaftskritiker mit feinem Instinkt für die ungelöste »soziale Frage«, nicht jedoch als politisch engagierten Menschen.

Das von Zille selbst angestrebte und geschaffene Bild seiner Person und der Anteil, den andere daran haben, sind schwer zu trennen. Dazu tragen auch seine Biographen bei. Nach Dankes Erinnerungsbuch »Heinrich Zille erzählt ...« (1928), das Zille selbst nicht sonderlich schätzte, erscheint unmittelbar nach dem Ableben des Meisters »Das Zille Buch« seines Weggefährten Hans Ostwald, an dem der Protagonist noch tatkräftig mitgewirkt hat. Auch für diese Publikation konnte sich Zille aber von vornherein nicht begeistern. Er versuchte sogar während der Zusammenarbeit, die Formulierungen des Autors zu kontrollieren, wie handschriftliche Notizen des Künstlers aus dem Nachlass belegen. Dass sich der beliebte Sittenforscher und Publizist Hans Ostwald mit dieser ersten differenzierten Betrachtung des Zeichners dennoch durchsetzt, kann Zille nicht verhindern. Die hohen Auflagen des Buches belegen den guten Verkauf im Handel und den regen Verleih in den Volksbüchereien. »Das Zille Buch« leistet allerdings der falschen Vorstellung vom heiteren »Ur-Berliner«, der ohne Distanz zu seinen »Zille-Typen« lebte, Vorschub. Bis heute wird dieser gutverkäufliche Mythos gerne von Berliner Fremdenführern verbreitet und in Reiseführern beschrieben. Unter Mitarbeit von Zilles Sohn Hans erscheinen von Hans Ostwald außerdem die Bände »Zilles Vermächtnis« (1930) und »Zille's Hausschatz« (1931). Beides sind populäre Bücher, welche die Rezeption Zilles maßgeblich prägen. Ostwald bemüht sich redlich, den Zeichner nicht nur auf den »Spaßmacher« zu reduzieren, sondern den sozialen Aspekt seines Schaffens und die kulturgeschichtlichen Zusammenhänge seiner Zeit zu berücksichtigen. In Widersprüche verwickelt sich der Kulturhistoriker und Autor zu Beginn der Machtübernahme 1933 mit dem Versuch, Zilles Bilder als der NS-Ideologie nahestehend zu verkaufen. Er schreckt nicht davor zurück, den langjährigen Freund als »Vorarbeiter« der nationalsozialistischen Bewegung zu interpretieren, obwohl er im August 1933 in einem Brief gegen ein generelles Verbot der Arbeiten des beliebten Künstlers mit den Worten argumentiert, »daß an den zuständigen Stellen, nämlich sowohl vom Propagandaministerium wie im Kampfbund für deutsche Kultur nicht die Ansicht besteht, daß der Maler Heinrich Zille ausnahmslos auf die Liste der Verbotenen gehöre« (zitiert nach Flügge, 1997). Ob es Ostwalds finanzielle Notlage ist – er stirbt 1940 völlig verarmt –, die ihn zu den propagandistischen Verfälschungen verleitet, oder er sich den Machthabern anbiedern will, kann nicht abschließend geklärt werden.

Zille zählt im Nationalsozialismus jedenfalls nicht zu den »Entarteten«, und seine Beliebtheit in weiten Kreisen schützt sein Werk vor einem plumpen Verbot durch die neuen Machthaber. Dennoch schrecken diese nicht davor zurück, seine Milieuschilderungen in ihrer Propagandakampagne als Negativvorlage zu missbrauchen. Sowenig die Nationalsozialisten Gefal-

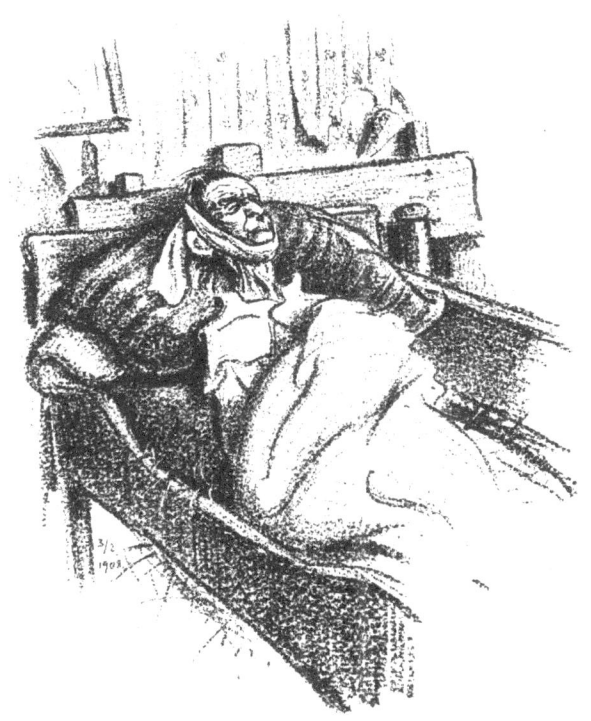

»– unser Leben währet 70 Jahr, und wenn es hoch kommt, so sind es 80 Jahr, und wenn es köstlich gewesen, so ist es Mühe und Arbeit gewesen –«

len an Zilles Einstellung zum Krieg und zur Wiedereinführung der Wehrpflicht finden, so wenig begeistern sie sich auch für die proletarischen »Zille-Typen«. Die Arbeiten des Künstlers, die stilisierte Varianten von Bürgern am Rande der Gesellschaft enthalten, passen nicht in das Bild des nach der nationalsozialistischen Ästhetik geformten »heldischen Menschen«. Zilles künstlerische Darstellungen mit den vom Leben Gezeichneten könnten dem Katalog »Entartete Kunst« von 1937 entsprungen sein, wo von »grauen und grünen Elendsgesichtern« die Rede ist und die »grob tendenziöse Proletkunst« angeprangert wird. »Der Vorwurf der Entartung zielte insbesondere auf Motive, die Anstrengung, Not, Hoffnungslosigkeit oder die ›Masse‹ der Arbeiter ausdrückten, auf ikonographische Traditionen in der Darstellung von Klassenunterschieden und Klassenkämpfen, der Ausbeutung und Unterdrückung, der Agitation und der kämpferischen Auflehnung«, definiert der Kunsthistoriker Peter Schirmbeck das nationalsozialistische Feindbild in der Kunst. In diese Bilderwelt lässt sich Heinrich Zilles Werk ohne Zweifel einordnen. Offensiv gegen den unliebsamen Künstler vorzugehen und seine Bücher und Zeichnungen öffentlichkeitswirksam zu vernichten, trauen sich die NS-Kulturfunktionäre in Anbetracht der enormen Popularität Zilles jedoch nicht. Ein Nachweis, dass seine Bücher verbrannt wurden, findet sich nicht. Auch eine Beschlagnahmung von Bildern Zilles in staatlichen Kunstsammlungen lässt sich, bis auf eine Ausnahme in Hannover, nicht belegen. Lieber geht man subtil gegen die massive Präsenz des Zille'schen Œuvres vor: Publikationen von und über Zille verschwinden diskret aus den Buchhandlungen, zwei Zille-Denkmäler werden entfernt, und der Zille-Film »Mutter Krausens Fahrt ins Glück« wird verboten. Da die Bekanntheit und Beliebtheit des Künstlers sich weniger auf dessen Originale als vielmehr auf die zahlreichen Reproduktionen in den vielen Zille-Büchern stützt, beginnt man den Umlauf seiner Publikationen durch die Zensur auf ein Minimum einzuschränken. Drei Veröffentlichungen landen auf der ab 1935 herausgegebenen »Liste des schädlichen und unerwünschten Schrifttums«, da sie, so die Begründung, mit den kulturellen und politischen Zielen des nationalsozialistischen Reiches nicht übereinstimmen. Das »Zille Buch« (Hans Ostwald), »Für Alle! Ernstes und Heiteres« (Otto Nagel) und »Zilles Vermächtnis« (Hans Ostwald/Hans Zille) dürfen nicht mehr nachgedruckt, verkauft, verliehen, ausgestellt, vermarktet oder auf Lager gehalten werden. Ein weiteres Werk, die als »unzüchtig« abgestempelten »Hurengespräche«, findet 1936 Aufnahme in den Nachtrag des berühmt-berüchtigten Polunbi-Katalogs. Das Verzeichnis der Zentralpolizeistelle, dem der Reiz des Verbotenen anhaftet und das sich deshalb gesteigerten öffentlichen Interesses erfreut, legt bei Verstößen harte Regeln fest. Sämtliche deutschen Polizeibehörden sind verpflichtet, die in dem Katalog aufgeführten Schriften unbrauchbar zu machen. Sie werden sogar gebeten, nach verdächtigen Druckwerken zu fahnden. Gegen Personen, bei denen sie verbotene Bücher finden, muss ein Strafverfahren eingeleitet werden.

Als der Versuch, diskret gegen die Popularität Heinrich Zilles und seines Werkes vorzugehen, nur mäßigen Erfolg zeigt, dreht man die Strategie pragmatisch um: Zille, der Anwalt der Mittellosen und Schwachen, wird nun als Militarist und Antisemit dargestellt, und ihm wird eine Nähe zur nationalsozialistischen Bewegung der Weimarer Republik attestiert. Seine elenden Arbeiter-Typen deuten die Nationalsozialisten zu »deutschen

Männern und Frauen, deutschen Mädels und Jungen« um (Paust, 1937). Der NS-Schriftsteller Otto Paust behauptet in seiner Überarbeitung des Ostwald'schen Buches »Hausschatz« (1937), die in einer vor Blut-, Boden- und Volksgemeinschaftsideologie triefenden Neufassung mündet, lediglich Zilles hohes Alter habe ihn davon abgehalten, zum Nationalsozialismus zu »finden«.

Zusammenfassend darf man festhalten, dass der Umgang der Nationalsozialisten mit dem Werk Heinrich Zilles komplex und widersprüchlich ausfällt. Dem Kunstwissenschaftler Pay Matthis Karstens ist es zu verdanken, dass heute viele Details zu diesem Thema bekannt sind. In seinem Buch »Verboten und verfälscht« kommt er zu folgendem Schluss: »Das Œuvre (Zilles) wurde als Gedächtnis von Schreckensbildern der vornationalsozialistischen Zeit missbraucht. Mit seinen ins urbane Gefüge gezwungenen Gestalten hätte der Zeichner den gesellschaftlichen Verfall der Weimarer Republik dokumentiert und angeprangert. Nationalsozialistische Utopien von Gegenwart und Zukunft sollten mit dieser Negativfolie glorifiziert werden. Die Instrumentalisierung des Künstlers gipfelte in dessen retrospektiver Verfälschung zu einem antisemitischen und militaristischen Sympathisanten der NSDAP.« (Karstens, 2012)

Zilles fragwürdige Zusammenarbeit mit einigen Magazinen niederen Niveaus, die massive Vermarktung seiner Zeichnungen und seiner selbst für seriöse und unseriöse Zwecke sowie seine populistischen Stammtischtexte tragen dazu bei, bis heute das Bild vom Berliner Witzblattzeichner vorherrschen zu lassen. Bei Kneipenwirten beliebt, von Museumsdirektoren belächelt – so könnte man das in Schieflage geratene Bild vom sozialkritischen Meister beschreiben. In den letzten Jahrzehnten ist es vergleichsweise ruhig um dessen Werk geworden, denn die deutsche Kunstgeschichtsschreibung tut sich schwer, in dem Künstler Heinrich Zille mehr als einen zeittypischen Chronisten zu sehen und, wie es der Zille-Experte Matthias Flügge formuliert, »sich massenkulturelle Phänomene zu erschließen«.

Dass der autodidaktische Zeichner bis heute widersprüchliche Meinungen hervorruft, gehört zu seiner ambivalenten Persönlichkeit, zu einem Menschen, der die in Kindertagen erlebte Existenzangst nie ganz loswurde und kleinbürgerliche Vorstellungen bediente. Heinrich Zille stammte aus ärmlichen Verhältnissen, deren frühe Prägung stets an ihm haftete. Zeitlebens blieben ihm die höheren Schichten suspekt. Der von einem inneren Weltverbesserungsdrang getriebene »Pinselheinrich« richtete sich mit seinem Versuch, den Normalzustand städtischen Daseins zu dokumentierten, lieber an die ihm vertrauten kleinbürgerlichen Kreise. Er war überzeugt, mit seinem Tun kathartische Wirkung zu erzielen, obgleich er die Not nüchtern und ohne Anklage schilderte. Seine messerscharfe und geistreiche Schlagfertigkeit setzte der Zeichner gezielt ein, um zu illustrieren, wie die einfachen Leute die Widrigkeiten im Leben mit Pfiffigkeit und Schlauheit anpacken.

Zille, der scharfe Beobachter mit dem politischen Blick, erfreute sich bei Kleinbürgern und »Budikengängern« großer Beliebtheit. Die verdiente Anerkennung als seriöser Zeichner erfuhr er durch zahlreiche Ämter, die ihm angetragen wurden, und durch die Bestätigung von Kollegen, die seine direkte, ungeschönte Art der Darstellung und seine Kommentare zu schätzen wussten. Ein bisweilen mangelndes Selbstwertgefühl bzw. eine chronische Bescheidenheit, die vielleicht auf eine sublimierte Form der Eitelkeit hinweist, begleiteten ihn trotz künstlerischer und finanzieller Erfolge ein Leben lag. Er sah sich stets als Handwerker und fühlte sich den Kollegen der »hohen Malerei« nicht ebenbürtig. Mit welchem Stolz würde es ihn erfüllen zu sehen, dass heute viele seiner akademischen, »heldischen« und historisierenden Widersacher längst in Vergessenheit geraten sind und ihre Bilder in den Depots der Museen verstauben, während sein Werk, insbesondere in seiner Heimatstadt Berlin, nach wie vor bekannt und geschätzt ist.

Als »Zeichner der Großstadt« setzte Heinrich Zille dem Berliner »Lumpenproletariat« ein zeitkritisches Denkmal und stellte es der glänzenden Oberschicht gegenüber. Es bleibt zu hoffen, dass der Künstler auch in Zukunft die ihm gebührende Wertschätzung erfährt, denn seine Bedeutung für die Berliner Stadt- und Kunstgeschichte ist einzigartig. »Ein paar Linien, ein paar Striche, ein wenig Farbe mitunter – und es sind Meisterwerke«, fasste Käthe Kollwitz ihr Urteil über ihn zusammen. »Zille, du warst ein jrossa Meista. Du hast jesacht, wies is«, bemerkte der Schriftsteller Kurt Tucholsky ehrfürchtig.

Zeittafel

1858
Rudolf Heinrich Zille kommt am 10. Januar in Radeburg bei Dresden als Sohn des Handwerkers Johann Traugott Zille und dessen Ehefrau Ernestine Louise (geb. Heinitz) in ärmlichen Verhältnissen zur Welt.

1865
Die Mutter zieht mit Heinrich Zille und seiner vier Jahre älteren Schwester Fanny nach Potschappel (heute Freital). Der Junge besucht dort zwei Jahre die Dorfschule. Der Vater sitzt im Dresdner Schuldgefängnis in Wechselhaft.

1867
Umzug nach Berlin. Die Familie wohnt die nächsten sechs Jahre in einer heruntergekommenen Wohnung in der Kleinen Andreasstraße 17.

1872
Umzug in ein bescheidenes Haus in Rummelsburg, Fischerstraße 8.
Zu Ostern beendet Heinrich Zille die Volksschule. Er beginnt eine Ausbildung als Lithograph in der Werkstatt von Fritz Hecht in der Alten Jakobstraße.
Bis 1874 nebenberufliche Zeichenstunden bei Professor Carl Domschke.

1875

Abschluss der Lithographenlehre.

Zille wechselt als Geselle mehrfach die Werkstätten und studiert als Abendschüler an der Königlichen Kunstschule in der Klosterstraße bei Professor Theodor Hosemann.

1877

Gesellenstelle als Reproduktionstechniker bei der Photographischen Gesellschaft, zunächst noch am Dönhoffplatz, später in der Ahornallee in Charlottenburg.

1880

Beginn des zweijährigen Militärdienstes in Frankfurt/Oder und Sonnenburg. Ein erstes Skizzenbuch mit 96 sozialkritischen Zeichnungen entsteht.

1882

Zille entdeckt seine Leidenschaft für die Photographie.

1883

Im Dezember Hochzeit mit Hulda Frieske, der Tochter eines Nadlermeisters und Lehrers aus Fürstenwalde an der Spree. Aus der Ehe gehen drei Kinder hervor: Margarete (1884), Hans (1888) und Walter (1891).

Heinrich und Hulda Zille ziehen in eine kleine Kellerwohnung am Grenzweg in Rummelsburg. Zweimal wechselt die Familie in Rummelsburg noch die Wohnung (1887 und 1890).

1892

Umzug der Familie Zille nach Charlottenburg, in die Sophie-Charlotten-Straße 88, 4. Stock. Hier wohnt der Künstler für den Rest seines Lebens.

1896/97

Heinrich Zille lernt (vermutlich) die Bildhauer August Gaul und August Kraus kennen, die zu engen Freunden werden.

1899

Zille steht Modell für August Kraus' Skulptur des Ritters Wedigo von Plotho, die an der Siegesallee im Tiergarten aufgestellt wird.

1901/02

Erste öffentliche Beteiligung Zilles an einer Ausstellung (»Vierte Kunstausstellung der Berliner Secession – Zeichnende Künste«).

1903

Zille wird offiziell als Mitglied in die Berliner Secession aufgenommen.

Die Zeitschrift SIMPLICISSIMUS druckt erstmals Zeichnungen von Zille ab.

1905

In der Zeitschrift JUGEND ist zum ersten Mal eine Zeichnung Zilles zu sehen. Die Zeitschrift LUSTIGE BLÄTTER druckt ebenfalls erste Zeichnungen ab.

1907

Nach dreißigjähriger Tätigkeit bei der Photographischen Gesellschaft wird Heinrich Zille entlassen.

1908

Erstes freiberufliches Jahr. Zilles bis heute erfolgreichster Bildband »Kinder der Straße« und das Künstlerheft »Berliner Rangen« erscheinen im Eysler Verlag.
Im Februar Tod der Mutter.

1909

Im April Tod des Vaters.
Veröffentlichung der Mappe »Zwölf Künstlerdrucke« im Verlag M. Lilienthal.

1910

Zille gewinnt im Rahmen eines Wettbewerbs gemeinsam mit Fritz Koch-Gotha den Adolph-Menzel-Preis der Berliner Illustrirten Zeitung für die beste Zeichnung des Jahres.

1912

Erster Theaterauftritt in der Revue »Chauffeur, ins Metropol« im Metropol-Theater.

1914

Erstes Zusammentreffen mit Hermann Frey.
Gründung der Freien Secession. Zille wird zum Vorstandsmitglied gewählt.
Veröffentlichung des Künstlerheftes »Berliner Luft« und des Bildbands »Mein Milljöh« im Verlag der Lustigen Blätter.

Für den ULK entwickelt Zille die beliebte Serie »Vadding un Korl«, die von den Erlebnissen der beiden Landsturmmänner an der Front berichtet. Sie kommt bis 1916 auf über zweihundert Fortsetzungen.

1919

Ehefrau Hulda stirbt im Juni an Herzversagen.
Der Bildband »Zwanglose Geschichte und Bilder« wird veröffentlicht. Im Oktober müssen sich Zille und der Verleger Fritz Gurlitt in einem Prozess für die »unzüchtigen« Blätter aus der Publikation verantworten.

1921

»Hurengespräche« erscheint unter Pseudonym, mit falscher Jahreszahl und ohne Angabe des Verlags.

1922

Heinrich Zille lernt den Maler Otto Nagel kennen.

1924

Auf Vorschlag von Max Liebermann und August Kraus Aufnahme in die Preußische Akademie der Künste. Ernennung zum Professor.
Der Bildband »Komm, Karlineken, kommt« mit illustrierten Kinderreimen erscheint im Verlag von Fritz Gurlitt, der Bildband »Berliner Geschichten und Bilder« im Carl Reissner Verlag.

1925

Im März erster »Hofball bei Zille« im Preußischen Schauspielhaus.
Im August Uraufführung des Films »Die Verrufenen

(Der fünfte Stand)« von Regisseur Gerhard Lamprecht, in dem Zille selbst einen kleinen Auftritt hat.

In einem Prozess in Stuttgart wird Zille wegen einer »pornographischen« Darstellung (»Modellpause«) zu 150 Reichsmark Strafe verurteilt.

1926

Der Bildband »Rund ums Freibad« erscheint im Eysler Verlag.

Der Zille-Film »Die da unten« kommt in die Kinos, ohne Autorisierung des Autors.

1927

Carl Boese bringt den Film »Schwere Jungen – leichte Mädchen« auf die Leinwand, 1929 folgt »Großstadtkinder«.

1928

Im Januar feiert Zille seinen siebzigsten Geburtstag und ist auf dem Höhepunkt seiner Popularität angekommen. Im Märkischen Museum gibt es die Retrospektive »Zilles Werdegang« zu sehen, die zu Besucherrekorden führt.

Gemeinsam mit dem Künstlerkollegen Otto Nagel gibt Zille die satirische Zeitschrift EULENSPIEGEL heraus.

Gegen Zilles Willen veröffentlicht Rudolf Danke sein Buch »Heinrich Zille erzählt ...« im Reissner Verlag.

1929

Nach zwei Schlaganfällen stirbt Zille am 9. August in seiner Wohnung in Charlottenburg. Er erhält ein Ehrenbegräbnis auf dem Stahnsdorfer Waldfriedhof.

Der Bildband »Vier Lebensalter« mit Jugenderinnerungen Heinrich Zilles erscheint im Eysler Verlag. Das »Zille Buch« von Hans Ostwald, an dem der Zeichner selbst noch mitgewirkt hatte, wird vom Paul Franke Verlag veröffentlicht.

Uraufführung des Films »Mutter Krausens Fahrt ins Glück«.

Literatur

Adorno, Theodor W.: Minima Moralia (Gesammelte Schriften, Bd. 4), Frankfurt/Main 1980

Alberti, Conrad: Der moderne Realismus in der deutschen Literatur, in: Theorie des Naturalismus, hrsg. von Theo Meyer, Ditzingen 1973

Altner, Renate: »Ein braver, ehrlicher, bescheidener Zeichner.«, in: Heinrich Zille. Zeichner der Großstadt, hrsg. von Matthias Flügge und Hans Joachim Neyer, Dresden 1997

Behne, Adolf: Heinrich Zille (Hefte der Kunst, 1), Halle 1950

Danke, Rudolf: Heinrich Zille erzählt … Gespräche und Erlebnisse mit dem Meister, Dresden 1928

Der Rummel bei Zilles Beerdigung, in: Die Wahrheit, 17. 08. 1929.

Der schöne Adolf. Akademie-Erinnerungen von Heinrich Zille, in: Der Querschnitt, Heft 8, 1927

Die Berliner Moderne 1885–1914, hrsg. von Jürgen Schütte und Peter Sprengel, Stuttgart 1987

Die Standarte. Monatszeitung für Berlin und Vororte, Jg. 3, Berlin 1909

Dubel, Heinrich: »Zille war Gefühlssozialist«. Interview mit Matthias Flügge, in: taz, 09.01.2008

Feistel-Rohmeder, Bettina: Was die deutschen Künstler von der neuen Regierung erwarten!, in: Deutscher Kunstbericht, Folge 69, Lenzing 1933

Fischer, Lothar: Heinrich Zille. In Selbstzeugnissen und Bilddokumenten, Reinbek 1979

Flügge, Gerhard/Zille, Heinrich: 'ne dufte Stadt ist mein Berlin, Leipzig 1974

Flügge, Gerhard: Mein Vater Heinrich Zille. Nach den Erinnerungen von Margarete Köhler-Zille für die jungen und alten Freunde des Meisters erzählt, Berlin 1955

Flügge, Matthias: Heinrich Zille: Berliner Leben. Zeichnungen, Photographien und Druckgraphiken 1890–1914, Berlin/München 2008

Flügge, Matthias: Der publizierende Zille, in: Heinrich Zille. Zeichner der Großstadt, hrsg. von Matthias Flügge und Hans Joachim Neyer, Dresden 1997

Freitag, Michael: Zille und die Secession, in: Heinrich Zille. Zeichner der Großstadt, hrsg. von Matthias Flügge und Hans Joachim Neyer, Dresden 1997

Frey, Hermann/Zille, Heinrich: Immer an der Wand lang. Allerlei um Hermann Frey, Berlin 1943

Heilborn, Adolf: Die Zeichner des Volks – Käthe Kollwitz, Heinrich Zille, Berlin 1924

Heinrich Zille und sein Berlin. Typen mit Tiefgang, hrsg. von Matthias Flügge und Matthias Winzen, Baden-Baden 2013

Juste und ihre Ehrenwache, in: Für Alle!, hrsg. von Otto Nagel, Berlin 1929

Kaemmerer, Ludwig: Chodowiecki (Künstler-Monographien, Bd. XXI), Berlin/Leipzig 1897

Karstens, Pay Matthis: Verboten und verfälscht. Heinrich Zille im Nationalsozialismus, Berlin 2012

Katalog »Wem gehört die Welt. Kunst und Gesellschaft in der Weimarer Republik«, hrsg. von der Neuen Gesellschaft für Bildende Kunst, Berlin 1977

Katalog »Entartete Kunst«, hrsg. vom Fritz Kaiser, Berlin 1937

Kaufhold, Enno: Heinrich Zille. Photograph der Moderne, München 1998

Knaup, Denise: Heinrich Zille. Dem Elend ins Gesicht geschaut, in: Focus online, 10.01.2008

Kranz, Erich/Tschechne, Wolfgang: Budiken, Kneipen und Destillen. Heinrich Zille und Alt-Berlin, Hannover 1975

Mahal, Günter: Naturalismus (UTB, Bd. 91), München 1975

Mehring, Franz: Gesammelte Schriften, Bd. 12, Berlin 1963

Nagel, Otto: Heinrich Zille, Berlin 1955

Ostwald, Hans/Zille, Hans: Zilles Vermächtnis, Berlin 1930

Ostwald, Hans: Das Zille Buch, Berlin 1929

Ostwald, Hans: Vorwort zu »Kinder der Strasse«, Berlin 1907

Panter, Peter (Kurt Tucholsky): Berlins Bester, in: Die Weltbühne, Nr. 3, 1925

Paust, Otto: Zum Geleit, in: Ostwald, Hans: Zille's Hausschatz, neubearb. Aufl., Berlin 1937

Pfefferkorn, Rudolf: Die Berliner Secession. Eine Epoche deutscher Kunstgeschichte, Berlin 1972

Ranke, Winfried: Heinrich Zille. Vom Milljöh ins Milieu. Heinrich Zilles Aufstieg in der Berliner Gesellschaft, Hannover 1979

Ranke, Winfried: Heinrich Zille. Photographien Berlin 1890–1910, München 1975

Schirmbeck, Peter: Zur Industrie- und Arbeiterdarstellung in der NS-Zeit, in: Die Dekoration der Gewalt.

Kunst und Medien im Faschismus, hrsg. von Berthold Hinz u. a., Gießen 1979

Tschechne, Wolfgang: Heinrich Zille. Hofkonzert im Hinterhaus. Geschichten aus (manchmal) gemütlichen Tagen, München 1979

Tucholsky, Kurt: Mit 5 PS. Auswahl 1924 bis 1925, Berlin 1977

Westheim, Paul: Zille. Zeitungsausschnitt aus dem Jahre 1925. Aus dem Nachlass von Margarete Köhler-Zille

Waldoff, Claire: Weeßte noch …? Aus meinen Erinnerungen, Düsseldorf/München 1953

Wolff, Eugen: Die jüngste deutsche Literaturströmung und das Prinzip der Moderne, in: Die literarische Moderne, hrsg. von Gotthard Wunberg, Frankfurt/Main 1971

Zille, Heinrich: Mein Lebenslauf, in: Ders.: Berliner Geschichten und Bilder, Dresden 1924

Zille, Heinrich: Vier Lebensalter. Bilder von Heinrich Zille, Berlin 1929

Zille, Heinrich: Brief an Franziska Sieber und Anna Zumpe, 09.03.1928, Landesarchiv Berlin

Zille, Heinrich: Brief an Adolf Heilborn, 1925. Privatbesitz, Berlin

Zille, Heinrich: Brief an den Abgeordneten Waldeck Manasse, 29.03.1919, Landesarchiv Berlin

Zille, Walter: H. Zille … und sein Berlin. Persönliche Erinnerungen an den Meister, Berlin 1949

Personenregister

187 Zitat aus »Gesammelte Briefe«, Bd. 4, S. 71 f.

188 Zitat aus H. Hesse, »Die Morgenlandfahrt«. Geschrieben
1930/31. WA 8, S. 334.
Zitat aus »Gesammelte Briefe«, Bd. 2, S. 244.
Aus einer Buchbesprechung in WA 12, S. 286 f.

189 Zitate aus »Ausgewählte Briefe«, a. a. O., S. 144.
Zitat aus »Ausgewählte Briefe«, a. a. O., S. 176 f.

190 Zitate aus »Ausgewählte Briefe«, a. a. O., S. 170 f.

191 Zitat aus »Siddhartha«, WA 5, S. 464.

192 Zitate aus »Ausgewählte Briefe«, a. a. O., S. 254 und aus
»Demian«, WA 5, S. 105.

193 Zitat aus »Ausgewählte Briefe«, a. a. O., S. 203 f.

194 Zitate aus H. Hesse, »Narziß und Goldmund«. Geschrieben 1927/29. WA 8, S. 286 und S. 37.
Zitate aus »Gesammelte Briefe«, Bd. 2, S. 48.

195 Zitat aus »Narziß und Goldmund«, WA 8, S. 36 und aus
»Ausgewählte Briefe«, a. a. O., S. 248.

196 Zitat aus »Ausgewählte Briefe«, a. a. O., S. 457 und aus
WA 10, S. 547.

197 Zitat aus »Ausgewählte Briefe«, a. a. O., S. 319.

198 Zitat aus »Ausgewählte Briefe«, a. a. O., S. 454 f.
Manchmal: Geschrieben 1906. Aus »Die Gedichte«,
a. a. O.

199 Zitate aus »Ausgewählte Briefe«, a. a. O., S. 468 f. und
S. 221.

200 Zitate aus »Gesammelte Briefe«, Bd. 2, S. 387 und aus
»Ausgewählte Briefe«, a. a. O., S. 387 und S. 53.